Camden →

Gower MM

R O A D

GARDENS

KRANICHE &
GÄNSE

BÜRO-
GEBÄUDE

GARDENS

KAKADUS

INSEKTENHAUS

BRAUN-
BÄREN

C I R C L E

ÖSTLICHES
VOGELHAUS

GROSSES
VOGELHAUS

NHAUS

RIESEN-
PANDAS

EISBÄREN

HAUPTWEG

ANTILOPEN

KOPPELN

KOPPELN

REGENT BAR
RESTAURANT

PICKNICK-
WIESEN

GARTEN-
CAFÉ

PAPAGEIEN

PICKNICK-
WIESEN

VOGELHÄUSER

SOUTH or MAIN
GARDENS

LÖWENGEHEGE

ZEBRAS

REHE &
RINDER

PINGUINBECKEN

NASHÖRNER

VOGELNISTPLÄTZE

KINDERZOO

The BROAD WALK

Broad Walk Paddocks

Regent's Park

OLIVER GRAHAM-JONES · EIN EISBÄR IN LONDON

OLIVER GRAHAM-JONES

Ein Eisbär in London

TIERARZTGESCHICHTEN
AUS DEM ZOO

Deutsch von
Ulrike Thiesmeyer

WUNDERLICH

Die Originalausgabe erschien 2001
unter dem Titel «Zoo Tails» bei Transworld Publishers,
a division of The Random House Group Ltd.,
London

1. Auflage März 2002
Copyright © 2002 by Rowohlt Verlag GmbH,
Reinbek bei Hamburg
«Zoo Tails» Copyright © 2001 by Oliver Graham-Jones
Illustrationen Copyright © 2001 by Peter Bailey
Karte Copyright © 2001 by Neil Gower
Alle deutschen Rechte vorbehalten
Umschlaggestaltung Susanne Hinselmann
(Illustration Julia-Michelle Neumann)
Satz aus der Garamond PostScript, QuarkXPress 4.1
bei UNDER/COVER, Hamburg
Druck und Bindung Franz Spiegel Buch, Ulm
Printed in Germany
ISBN 3 8052 0735 2

Die Schreibweise entspricht den Regeln
der neuen Rechtschreibung.

Josephine,
meiner wunderbaren, geduldigen Frau,
ist es zu danken, dass ich dieses Buch abschloss.
Alles Lob gebührt demnach ihr.
Tadel bitte an meine Adresse.

INHALT

Danksagung   11
Vorwort von Desmond Morris   13
Prolog   17
Einleitung   19

1 Erster Tag   39
2 Eine Eisbärengeschichte   47
3 Cholmondeley geht promenieren   55
4 Vom Gorilla verfolgt   62
5 Flucht   74
6 Sukie, die Sonnenanbeterin   82
7 Goldie, der Adler   89
8 Keine Bange vor der Schlange   96
9 Nie ein Zebra streifen   102
10 Als Sabres Herz zu schlagen aufhörte   109
11 Wenn man vom Teufel spricht   118
12 Zwei Löwen und Hitchcock   125
13 Der Rabe mit dem Holzbein   130
14 Ein Elefant vergisst nie   135

15 Kaiserschnitt auf Jersey   143

16 Ein Leopard in Downing Street No. 10   152

17 Wellensittich mit Tumor   163

18 Ein Pelikan im Kriegsministerium   170

19 Löwe im Haus   175

20 Der Leistenbruch des Gorillas   182

21 Beruhigungsmittel für Fifi   188

22 Die Maus aus Cornwall   194

23 Das Auge des Tigers   201

24 Kampfschlangen   210

25 Gewalt in der Tukan-Ehe   216

26 Cocky, der kecke Kakadu   221

27 Letzter Tag   229

DANKSAGUNG

BEI MEINER ARBEIT ALS VETERINÄR im Londoner Zoo waren mir die Tierpfleger stets eine große Unterstützung, und für ihre Freundschaft und ihren Sachverstand bin ich ihnen zu Dank verpflichtet. Besonders beeindruckt hat mich, wie viele von ihnen den Übergang von den Aufgaben eines Tierpflegers alter Schule zu denen der neuen, hoch technisierten Welt des Zookrankenhauses gemeistert haben. In diesem Zusammenhang sei vor allem Alec Wilson erwähnt, der Krankenhausvorsteher, sowie sein Stellvertreter Tony Fitzgerald. Beide weilen inzwischen leider nicht mehr unter uns.

Auch andere Freunde haben mir geholfen, insbesondere mein guter Freund Dr. Patrick Moore, dessen Klugheit und Hartnäckigkeit es zu danken ist, dass *Ein Eisbär in London* erscheinen konnte. Patrick ist ein bedeutender, viel beschäftigter Mann, der sich jedoch immer Zeit dafür genommen hat, zahllose Menschen zu ermutigen – darunter mich.

Desmond Morris aus der Zunft der Zoologen brachte viel Verständnis für meine Probleme auf, und ich nehme seine Freundschaft in Dankbarkeit entgegen.

VORWORT
von Desmond Morris

OLIVER GRAHAM-JONES IST EIN BEMERKENSWERTER MANN, das wird bei der Lektüre dieser Sammlung erstaunlicher Anekdoten bald deutlich. Er schildert darin die Dramen und Notfälle, die Triumphe und Tragödien, mit denen er in seiner Zeit als leitender Veterinär des Londoner Zoos konfrontiert wurde. Gewöhnliche Tierärzte sehen sich mit Haustieren oft schon vor hinlängliche Schwierigkeiten gestellt, aber Oliver war ein außergewöhnlicher Tierarzt mit einer außergewöhnlichen Patientenschar. Und die Probleme, die er nahezu täglich zu lösen hatte, waren ebenso außergewöhnlich.

Was, zum Beispiel, würden Sie tun, wenn Sie plötzlich mit einem ausgebrochenen Bären konfrontiert wären oder mit einer verletzten Elefantenkuh, oder mit einem erzürnten Premierminister, der von Ihnen verlangt, einen lebenden Leoparden auf dem Kabinettstisch von Downing Street No. 10 zu platzieren? Oliver stellte sich sämtlichen Herausforderungen dieser Art mit einem Einfallsreichtum, der seinesgleichen sucht.

Meine erste Begegnung mit Oliver fand 1956 statt, als meine

Frau und ich in den Londoner Zoo kamen, um im Rahmen eines neuen Fernsehformats Filme und Dokumentationen über die dort lebenden Tiere zu produzieren. Obwohl wir in gewisser Weise Eindringlinge in seine Welt darstellten, war Oliver die Liebenswürdigkeit in Person und uns auf jede nur denkbare Weise behilflich. Unsere Büros waren in seinem alten Sanatoriumsgebäude untergebracht. Er befand sich gerade mitten im Umzug in die prächtige neue Tierklinik, die er sich von der Zooverwaltung erstritten hatte. Dafür schuldeten ihm die Tiere keinen geringen Dank, war es ihm damit doch endlich gelungen, den grässlich altmodischen Zoo seiner viktorianischen Vergangenheit zu entreißen. Jetzt verfügte er über einen richtigen Operationssaal, angemessene Quarantänegehege und die für erkrankte Tiere notwendigen hygienischen Bedingungen, lauter Dinge, die schon seit langer Zeit dringend benötigt wurden. Im Alleingang beförderte Oliver den Zoo in die hoch technisierte Welt moderner Veterinärmedizin. Schon verblüffend, wenn man bedenkt, dass er der erste hauptamtliche Veterinär war, den der Zoo je hatte.

Manche seiner besten Geschichten datieren aus der Frühzeit seiner Laufbahn, als die Verhältnisse noch sehr primitiv waren. Am besten gefällt mir die Schilderung einer bizarren Begegnung mit Winston Churchill. Olivers rapide wachsendes Geschick im Umgang mit unerwarteten Herausforderungen erwies sich angesichts der exzentrischen Launen des großen Mannes als besonders nützlich. Diese Geschichte wie auch Olivers andere Zoo-Schnurren werden einigen Anlass zum Schmunzeln geben – aber auch Respekt für die Leistung abnötigen, eine so überaus exotische Schar von Patienten als Arzt zu betreuen.

Prolog

DER NACHTHIMMEL VERBLASSTE, und tropische Vögel stimmten kreischend ihren Morgengesang an. Bald würden auch die Affen mit ihrem besorgten Geschnatter einstimmen, ein Elefant würde trompeten, und so würde mir die Kakophonie des Dschungels als Präludium zu meinem Arbeitstag dienen.

Schlaftrunken stellte ich den Wecker aus, und mir kam – nicht zum ersten Mal – die verwunderte Frage in den Sinn, was um alles in der Welt mich bewogen hatte, mich für ein Leben zu entscheiden, in dem dieser Chor am Morgen so selbstverständlich war wie andernorts das Klirren von Milchflaschen auf der Haustürschwelle im Grünen.

Als ich ins Badezimmer der Wohnung wankte und meine Rasur begann, vernahm ich das Brüllen eines Löwen – immer wieder eindrucksvoll. Ein merkwürdiger Gedanke, dass Camden Town weniger als eine Meile entfernt lag!

Über 1000 Säugetiere, Vögel, Reptilien und mehr als 250 verschiedene Fischarten, und ich war ihr Arzt und medizinischer Betreuer. Eine wahrhaft beängstigende Aussicht. Wie hatte das alles angefangen, meine Verbindung zu dem größten lebenden

Museum der Welt, der Welt größten Sammlung in Gefangenschaft lebender wilder Tiere? Bei der gestrigen Sprechstunde
reichte die Reihe der Patienten von einem Vogel Strauß bis hin zu
einem Klammeraffen. Am Vortag hatte ich einen Python behandelt und abermals einen Tag zuvor einen Bären. Was der heutige
Tag wohl bringen würde?

Ich streifte den gestärkten weißen Kittel über – meine Amts-
tracht –, trat hinaus in die Morgenluft und schritt auf die sonder-
barste und bisweilen lärmendste Klinik der Welt zu; eine Klinik,
in der ein Arzt nicht selten in größerer Gefahr schwebt als sein
Patient; eine Klinik, in der man seinen Tiger erst einfangen muss,
bevor man ihn auf den OP-Tisch bekommt: die Tierklinik im
Londoner Zoo.

Einleitung

HOCH OBEN IN DEN BAUMWIPFELN im hinteren Teil unseres Gartens ließ eine Drossel in der Stille des Sommerabends ihren herrlichen Gesang ertönen. Versonnen lag ich, ein Siebenjähriger, bäuchlings neben dem Gartenstuhl meiner Mutter, bevor ich mich aufrichtete und sie fragte: «Warum singt dieser kleine Vogel so?»

Mutter ließ ihr Strickzeug sinken, und ich merkte, dass sie ein wenig verdutzt war. «Warum er singt?», wiederholte sie langsam. «Na ja, ich weiß auch nicht.» Dann, etwas heiterer, mutmaßte sie: «Vielleicht, weil er so glücklich ist, Schatz.»

«Aber er kann doch nicht *nur* singen, wenn er glücklich ist», gab ich unbeeindruckt zurück. «Worüber singt er denn, wenn er traurig ist?»

Meine Mutter erwiderte: «Du stellst schon *sehr* seltsame Fragen.»

Zum ersten Mal in meinem Leben musste ich erkennen, dass Eltern kein allwissender Born unfehlbarer Kenntnisse sind, und dieser Gedanke erschreckte mich aufrichtig. Glücklich war ich erst wieder, als ich die tatsächliche, wissenschaftliche Erklärung für das erlesene Singtalent der Drossel ausfindig gemacht hatte.

Damals erwachte mein Interesse an anderen Spezies als meiner eigenen, ein Interesse, das von Neugier herrührte und wenig mit Gefühlen zu tun hatte. Ich höre heute oft: «Sie müssen Tiere immer schon geliebt haben», und ernte leicht schockierte Blicke, wenn ich mir erlaube, dem zu widersprechen. Interesse an einem Geschöpf und der Wunsch, dessen körperliche Beeinträchtigungen zu beheben, sollten nicht mit Gefühlsduselei verwechselt werden; im Interesse des Patienten muss der Arzt stets Objektivität bewahren.

Mit ungefähr neun wuchs meine Neugier auf das Verhalten von Lebewesen und schloss nun auch meine Beschäftigung mit dem Tod mit ein. Dies war kein morbider Impuls, ich stellte mir bloß die Frage nach dem *Warum*.

Warum musste eine Feldmaus, die man unter Mühen aus den Fängen einer Katze errettet hatte, nur Minuten nach ihrer Rettung jäh verenden? Äußere Verletzungen waren nicht zu entdecken; sie war lediglich heftig drangsaliert worden, warum also musste sie sterben? Meine Mutter sprach von einem Herzanfall – «Die Angst war einfach zu viel für sie» –, aber dies führte nur zu weiteren Fragen meinerseits. *Warum* führte die Angst der Maus dazu, dass ihr Herz zu schlagen aufhörte? *Warum* konnte ihr Herz nicht wieder in Gang gebracht werden? Eine stehen gebliebene Uhr konnte wieder neu aufgezogen werden, sagte ich, warum also nicht das Herz der Maus? Ich muss wirklich ein ungeheurer Quälgeist gewesen sein!

Zu der Zeit, in der diese ersten Gehversuche im kombinierten Bereich Naturkunde und Physiologie stattfanden, wohnte ich mit meinen Eltern, meinem Bruder und meiner Schwester in einem kleinen, aber sehr hübschen Haus im Harborne Estate in Birmingham. Uns Kindern bedeutete dieser Ort sehr viel, und ich erinnere mich noch heute lebhaft daran, wie empört und voll Verlustängste wir reagierten, als wir erfuhren, dass wir umziehen und uns an einem anderen Ort niederlassen würden.

Das Haus war für unsere wachsende Familie zu klein geworden, aber der Umstand, dass es unter dem Ansturm unseres ungestümen Tatendrangs beinahe aus den Nähten platzte oder die Erwachsenen nirgends ein ruhiges Plätzchen für sich hatten, bereitete uns wenig Kopfzerbrechen. Wir fühlten uns seit unserer Geburt in diesem vertrauten Zuhause pudelwohl, und so entsetzte uns die drohende Aussicht, aus der Geborgenheit unseres Kokons gerissen zu werden, zutiefst.

Als jedoch der gefürchtete Tag kam, stellten wir fest, dass es gar nicht so schlimm um uns stand. Unsere neue Bleibe, nur eine halbe Meile von der World's End Lane entfernt – heutzutage von den Betonfluten der Stadtentwicklung verschlungen – , bot sogar noch bessere Möglichkeiten, uns in ländlicher Umgebung zu tummeln, als Park Edge Nummer 8 in Birmingham. Wir begegneten Rindern, die auf saftigen Weiden grasten, wo heute weit und breit kein einziger Grashalm mehr zu sehen ist, angelten im nahe gelegenen Fluss nach Fischchen, unternahmen mit Vater – von uns allen innig geliebt – lange Spaziergänge durch Wiesen und Wälder … kurz, wir genossen das Leben von Landkindern, und mein Interesse für Tiere nahm immer mehr zu. Dort in Harborne, in der Milford Road Nummer 15, sammelte ich sogar meine erste Erfahrung als «Tierarzt»: Ich behandelte Verwundungen, die mein Hund in heldenhaftem Kampf erlitten hatte.

Unser Hund war ein Irish-Terrier-Mischling mit einer nervösen, empfindsamen Nase und sanften braunen Augen; wer ihm begegnete, war von seiner Sanftmut beeindruckt. Sein Aussehen entsprach aber nicht seinem Naturell, vielleicht zu seinem Unglück. Pat war eine Kämpfernatur, eine Art d'Artagnan der Hundewelt, ein stolzer, unbekümmerter Haudegen, mutig und gewandt. Mit seinem impulsiven Temperament beging er immer wieder denselben Fehler, nämlich sich für seine Kämpfe einen doppelt so großen und schweren Hund als Gegner auszusuchen. Dies schien für ihn fast eine Frage der Ehre zu sein, und er ertrug die unvermeidlichen Folgen, so schmerzhaft sie auch gewesen sein mögen, mit Gleichmut.

Nach unserem Umzug in die Milford Road kam es also nicht

überraschend, dass er, um seine durchaus unbescheidenen Revieransprüche durchzusetzen, den größten Hund im Dorf herausforderte. Auch nicht, dass er am nächsten Tag, ungeachtet bereits ehrenhaft empfangener Wunden, den Anspruch erneuerte … und dann, ein paar Tage später, ein weiteres Mal. Das Ganze wuchs sich zu einer Folge endloser Wiederholungen aus und wurde von allen in der Familie missbilligt, außer von mir, Pats nominellem Herrchen. *Ich* fand ihn kolossal.

Zwei- oder dreimal die Woche maß sich unser Hund mit seinem Widersacher, wetteiferte mit ihm um die Herrschaft und zog dabei immer den Kürzeren. Jedes Mal kam er extrem spät nach Hause, als wolle er um keinen Preis meine Eltern stören und ihren wohlverdienten Zorn erst verrauchen lassen. Bei diesen Gelegenheiten schlich ich dann, wie er es zu erwarten schien, im Pyjama nach unten, um ihn leise in die Küche zu lassen und seine Wunden zu baden und zu säubern, so gut ich konnte. Der tatsächliche Wert dieser Behandlung konnte jedoch nie genau festgestellt werden, da er sich jedes Mal bevor seine Verletzungen auch nur ansatzweise hätten heilen können, wieder in die nächste Runde warf, um unermüdlich weiterzukämpfen!

Schließlich aber flog unser Schweigepakt auf. Pats Kämpfe wuchsen sich zum Skandal aus und führten zu öffentlichen Beschwerden. Eines Morgens verwüstete er den örtlichen Zeitungsladen, da er ausgerechnet dort einen Kampf mit seinem Lieblingsgegner vom Zaun brach, während die Pendler auf ihren Bus warteten. Danach verschenkten meine Eltern ihn an den Postboten, was gleich zwei Probleme auf einmal löste: Erstens, es befreite das Haus von einem hündischen Stein des Anstoßes, zweitens, es stellte dem Postboten auf seiner Runde einen Schutz vor anderen Hunden an die Seite. Ich erhielt meine erste Lektion in gefühlsmäßiger Loslösung – immens wertvoll für einen künftigen Tierarzt.

Neugierig sein, warum ein Vogel in freier Natur singt; Aufbauschen der Notlage eines Kaninchens, dessen Empfindungen ich mit denen eines Menschen gleichsetzte; Mitgefühl und Kameradschaft mit meinem wehrhaften Hund – es wäre falsch, einen dieser Faktoren als ausschlaggebend für meine Berufswahl zu bezeichnen, und es gab auch kein Erweckungserlebnis, das in mir den Gedanken entzündete, ich werde mal Tierarzt! Vielmehr war es ein Prozess, der sich fast unbemerkt von mir in meinem Inneren vollzog.

Auf dem Gymnasium war ich für mein Interesse an Tieren und ihrem Verhalten geradezu berühmt, vielmehr fast schon berüchtigt. Mein Ruf strebte seinem Höhepunkt entgegen, als ich weißen Mäusen ein Heim in meiner Jackentasche bot und Mutter ihre Ausscheidungen entdeckte. Im Interesse der körperlichen Unversehrtheit meiner Tierchen traf ich daraufhin die übereilte Entscheidung, sie mit in die Schule zu nehmen, wo ich ihnen eine wesentlich geräumigere Behausung bieten konnte – mein Schulpult.

Eine ganze Weile funktionierte diese Lösung einwandfrei, bis die Stunde der Wahrheit schlug, als ein Lehrer mich aufforderte, ein Schulbuch herauszuholen. Ich duckte mich in mein Pult, tastete im hinteren Teil herum und spürte, wie mein Gesicht vor Verlegenheit zu glühen begann. Von dem Buch, das ich widerwillig vorwies, war nur noch eine Masse feuchten Papiers übrig, zerkaut und zernagt von Tausenden Mäusebissen. Bevor ich den Pultdeckel fallen lassen konnte, stand der Lehrer auch schon neben mir, und dort, seinem entsetzten Blick preisgegeben, wuselten meine ersten weißen Mäuse nebst Nachkommenschaft, da sie sich wie verrückt vermehrt hatten. Und über einen gesunden Appetit verfügten sie außerdem!

Dieser Zwischenfall markierte das Ende meiner Untersuchungen zum Sozialverhalten der Hausmaus. In der Einsicht, dass die Sache ein wenig aus dem Ruder gelaufen war, erklärte ich mich bereit, mich von ihnen zu trennen. Ich tauschte sie ein, wobei eine ausgewachsene Maus zwei Murmeln, ein Mäusebaby eine Murmel kostete.

Wenn wir uns im Zoo mit dem Problem konfrontiert sahen, einen Gorilla zu betäuben, bedienten wir uns einer riesigen Gaskiste, die wir direkt vor der Öffnung des Geheges aufstellten, in der Hoffnung, dass der Gorilla hineinspazieren würde.

Gorillas sind listige und äußerst argwöhnische Burschen, die die Sicherheit ihrer vertrauten Umgebung nur ungern verlassen; es bedarf großer Überredungskünste, um sie zum wunschgemäßen Verhalten zu bewegen. Als Lockmittel platzierten wir also an der hinteren Wand der Kiste einen mannshohen Spiegel. Sobald das Tier darin sein Ebenbild erblickte, verflüchtigte sich sein Argwohn, und es reagierte völlig wunschgemäß. Kaum hatte es die Kiste betreten, fiel die Klappe hinter ihm zu und verwehrte ihm die Rückkehr. Seine eigene Neugier hatte den Gorilla in die Falle tappen lassen.

Wahrscheinlich war es genau diese Eigenschaft – Neugier – , die mich als Achtklässler meinen künftigen Beruf wählen ließ. Neugier sowie ein unseliger Drang, gegen den Strom zu schwimmen. Denn Begeisterung würde meine Wahl zu Hause kaum auslösen.

Mein Bruder studierte Medizin, meine Schwester ließ sich zur Lehrerin ausbilden, und Mama gefiel sich in der aus mir unbekannter Quelle gespeisten zielstrebigen Vorstellung, dass ich Zahnarzt werden würde. Sie hatte mich sogar an einem College für Zahnmedizin vormerken lassen, lange Zeit bevor ich, akademisch gesprochen, gezahnt hatte, geschweige denn den geringsten Ehrgeiz hegte, an den Zähnen anderer tätig zu werden.

Auch die Lehrer waren nicht sonderlich angetan von meiner Absicht, eine Laufbahn als Tierarzt einzuschlagen. Als ich nachzufragen begann, wie das zu bewerkstelligen sei, musste ich sogar feststellen, dass dies nicht nur mir ein Rätsel war, sondern auch Erwachsenen.

Dies wurde besonders deutlich, als ich eines Tages zum Schuldirektor bestellt wurde. Als ich ihm reinen Gewissens erzählte, dass ich Tierarzt zu werden wünschte, verflüchtigte sich dessen Aura väterlichen Wohlwollens im Nu. Tierarzt? Wieso Tierarzt? Wollte ich denn nicht Zahnarzt werden? Ich legte ihm meine Ansichten dar und wiederholte mein Ersuchen. Ob er mir bitte sagen könnte, welche Qualifikationen ich dazu benötigen würde. Wusste er, wohin ich schreiben könnte? Als die Unterredung schließlich endete, war ich so klug wie zuvor und der Rektor einigermaßen verwirrt und auch gereizt darüber, ausnahmsweise einmal um eine Antwort verlegen gewesen zu sein.

Nach der Unterredung mit dem Schuldirektor stand mir eine Erkenntnis klar vor Augen: Wenn man eine sachdienliche Auskunft benötigt, kümmert man sich besser selbst darum. Aber erst nachdem ich an den abenteuerlichsten Quellen nach Informationen gefischt hatte, stieß ich endlich auf die einzig wirklich Sachverständigen: das *Royal College of Veterinary Surgeons* (Königliche Hochschule für Tiermedizin). Und als ich dann alle gewünschten Auskünfte erhalten und, nach längeren Debatten, sogar den widerwilligen Segen meiner Eltern hatte, hätte ich mich um ein Haar doch noch umentschieden und die Idee komplett verworfen. Paradoxerweise war es dann mein Vater, der mich wieder auf Kurs brachte …

Mein Vater war von Beruf eigentlich Silberschmiedgeselle und hatte sich, nach schlimmen Rückschlägen zu Zeiten der Wirtschaftsdepression, mit bemerkenswertem Erfolg eine geschäftliche Existenz als Schiffsausstatter aufgebaut – spezialisiert auf die Verwendung von Kunststoffen. Nach Vollendung jeder Ozeanüberquerung wurden seine Dienste in Anspruch genommen, von Schiffen, deren Namen inzwischen nahezu legendär sind, darunter die *Queen Mary* und die *Queen Elizabeth*, und das Geschäft florierte derartig, dass ich während der Schulferien als Aushilfe rekrutiert wurde.

Der geschäftige Trubel dort, bei dem es noch dazu um die großen Linienschiffe ging, war für einen jungen, leicht zu beeindruckenden Menschen wie mich natürlich äußerst aufregend. Gemessen an meinem normalen Taschengeld war die Tätigkeit auf jeden Fall lukrativ, und übermäßige Konzentration wurde einem auch nicht gerade abgefordert. Meine schulischen Leistungen ließen merklich nach, und ich spielte mit dem Gedanken, ebenfalls Schiffsausstatter zu werden, bis mein Vater, der meine Erwägungen witterte, dem ein Ende setzte. Er zitierte mich in sein Büro und beschied mir: «Nur über meine Leiche ergreifst du dieses Gewerbe!»

Vater hatte erleben müssen, wie ein Mann, der bis auf seine Intelligenz und Tüchtigkeit keine Qualifikationen aufzuweisen hatte, vom Verlust seines Lebensunterhalts bedroht und am Ende durch Marktkräfte, die sich seiner Kontrolle entzogen, ins berufliche Aus befördert wurde. Auf gar keinen Fall, das war sein fester Entschluss, sollte es seinem Sohn ähnlich ergehen. Deshalb sollte ich erwerben, was ihm fehlte: einen Universitätsabschluss in einem spezialisierten Berufszweig. Also kehrte ich zu meinen wahren Ambitionen zurück.

Nachdem meine Mutter sich von ihrer anfänglichen Bestürzung darüber, dass ich mich für Zahnmedizin nicht erwärmen konnte, erholt hatte, erwies sie sich in den folgenden Monaten als wahrer Fels in der Brandung. Sie vereinbarte für mich ein Bewerbungsgespräch im *Royal Veterinary College*, um mir die Entscheidung zu erleichtern, ob ich mich dort einschreiben sollte oder nicht, und dann fuhr sie zu meiner moralischen Unterstützung sogar mit mir nach London, denn sie war nun ebenso wild entschlossen, für meine Karriere zu kämpfen, wie sie sich ihr zuvor entgegengestemmt hatte.

Ich schrieb mich am *Royal Veterinary College* ein, nur um dort, sozusagen im Brennpunkt meiner Sehnsüchte, von allerscheußlichstem Heimweh und grässlichen Zweifeln an meiner Befähigung befallen zu werden.

Ein Ort im Glanz und beißenden Geruch frischer weißer

Tünche; ein Ort der Strenge, im fahlen Sonnenlicht kalt gleißend und mit Fenstern, denen mit ihrem glasigen Starren kein Fleckchen der adretten, stets unkrautfreien Auffahrt verborgen zu bleiben schien. Das war mein erster Eindruck von dem Institut, dem ich mich für die nächsten fünf Jahre meines jungen Lebens auf Gedeih und Verderb überantwortet hatte: dem *Royal Veterinary College*.

Das im 18. Jahrhundert gegründete College wurde um die Zeit meines Studienbeginns einer umfassenden Sanierung unterzogen, und dem «hygienischen», wenn auch recht sterilen Zeitgeschmack der Dreißiger entsprechend fiel die Gestaltung schnörkellos und modern aus. Selbst die Mensa, die vor blinkendem rostfreiem Stahl starrte, war auf ihre nüchterne Art sehr schön. Das beeindruckendste Vorzeigestück des College jedoch war sein Seziersaal, der so groß wirkte wie eine Flugzeughalle.

Zahlreiche Tiere und Tierteile hingen an Ketten von einer Gerüstkonstruktion, um zur Untersuchung durch die Studenten herabgelassen und dann wieder hochgezogen zu werden. Eine umfassende Auswahl von Tierarten war als Studienobjekte vorhanden, am eindrucksvollsten aber war ein sehr totes Pferd, in Formalin eingelegt und bereit für die Sektion. Bei diesem bedrückenden Anblick überkam mich Übelkeit, und mir tränten die Augen von den beißenden Formalinschwaden.

Der Seminarplan beinhaltete extrem viele Fachgebiete, und uns wurde angst und bange bei dem Stoff, den wir zu bewältigen hatten. Teilweise war unser Programm sogar fortschrittlicher als der Seminarplan in Humanmedizin, da wir lernen mussten, Fälle ohne die Informationen zu diagnostizieren, die ein menschlicher Patient liefern kann. Tierhaltung, Anatomie, Physiologie, Pharmakologie, Pathologie, Medizin, Chirurgie – all diese Fachgebiete und noch viel mehr musste man sich in den fünf Studienjahren aneignen, und im Ein-Jahres-Rhythmus wurden umfassende Prüfungen abgehalten, gekrönt von den schicksalsschwangeren Abschlussprüfungen, die ich noch als Einundzwanzigjähriger absolvierte.

Die Dozenten waren äußerst fähige Männer, darunter auch einige echte Originale. Über ihre Verschrobenheiten machten wir, jung und übermütig, wie wir waren, uns gern lustig, doch in Wahrheit empfanden wir vor ihnen fast so etwas wie Ehrfurcht.

Einer der renommiertesten Professoren im Lehrkörper hielt an dem sehr formellen Kleidungsstil fest, den vor ihm schon der Tutor seines Tutors bevorzugt hatte – er trug stets Gehrock und gestreifte Hose. Nie ohne frische Rose am Revers, direkt unter der Kante seines mustergültig glanzgepressten Umlegekragens, bestand sein einziges Zugeständnis an moderne Trends in hektischem Kettenrauchen. Unter seinem buschigen Schnauzbart, der an einen grimmigen Gutsbesitzer erinnerte, trug er – anders kann man es nicht nennen – eine endlose Folge von Zigaretten, die er jeweils erst auszutauschen pflegte, wenn sie bis zum äußersten Ende herabgebrannt waren und schon anfingen, ihm die Lippen zu versengen. Die Studenten schlug er damit völlig in seinen Bann, war doch jederzeit damit zu rechnen, dass er in hellen Flammen aufging. Die wichtigen Informationen seines Vortrags unterstrich er mit einem Finger, der gelb von Nikotin und von einem monströsen Ring geziert war. Ungeachtet dieser Äußerlichkeiten aber war er ein wirklich glänzender Lehrer von internationalem Ansehen und Verfasser der zur damaligen Zeit einzigen Enzyklopädie der Veterinärmedizin. Auch in der Praxis war er äußerst kompetent und führte bei Bedarf souverän den fachgerechten Gebrauch des Skalpells vor.

Der Kriegsausbruch 1939 setzte dem würdevollen Menuett beschwichtigender Politik ein Ende und verschlug uns ins ländliche England. Das *Royal Veterinary College* wurde im Zuge der Evakuierung Londons in das entzückende Dorf Streatley in Berkshire verlegt, wo wir die nächsten paar Monate bis zu unseren Abschlussexamen zubrachten. Zu meinem Erstaunen bestand ich gleich beim ersten Anlauf.

Befeuert von ebender jugendlichen Arroganz, die mich bei den jungen Leuten von heute so befremdet, verwarf ich auf der

Stelle jeden Gedanken daran, als Juniorpartner eines eingesessenen Tierarztes anzufangen, und legte mir die Grundausstattung für eine eigene Praxis zu. Und dann, das mag aus heutiger Sicht wie ein recht wunderlicher Sinneswandel klingen, meldete ich mich freiwillig zur Armee, und die Armee nahm mich nicht.

Der italienische Feldzug stand unmittelbar bevor, und die Soldaten benötigten zu Transportzwecken im Gebirge Maultiere. Die Armee, bis dahin nachvollziehbarerweise mit rein technischen Aspekten der Kriegführung befasst, musste nun per Zeitungsannonce Männer suchen, die sich im Umgang mit Tieren auskannten. Als ich mich bewarb, erteilte man mir eine Absage, mit Verweis auf gewichtige Hinderungsgründe. Ich war verheiratet, übte einen reservewichtigen Beruf aus und, was noch schwerer wog, war zufällig Inhaber einer Praxis. Meine Aufgabe war es, die Gesundheit der Tiere für den Kampf an der Heimatfront zu erhalten.

Mehrere Wochen zogen ins Land, bevor die Armee ein Einsehen hatte, und dies auch erst, nachdem ich hartnäckig Druck gemacht hatte. Im Handumdrehen befand ich mich in Italien.

Aus der behaglichen, stetig wachsenden Praxis im lieblichsten Teil Surreys ins Feldnachschublager an der breiten Straße nach Rom – leistete ich sonst kranken Kühen auf friedlichen englischen Weiden Beistand, hatte ich nun Maultierzüge bereitzustellen –, die Umstellung war extrem und alles andere als angenehm. Und doch hätte ich, wie so viele aus meiner Generation, meinen Anteil am gemeinsamen Elend nicht missen mögen. Sosehr mir dieses Leben verhasst war, die Erfahrung wog dies allemal auf.

Beim Tanz mit der Tochter des örtlichen Bürgermeisters sah ich, wie die Flöhe mit uns tanzten – in ihrem Haar. Ich beschlagnahmte Schafe zur kulinarischen Verwertung in der Offiziersmesse, eine Eigenmächtigkeit, für die mich der für die Stadt zuständige, zornentbrannte Offizier teuer büßen ließ. Ich schlief in Kriegsruinen und musste morgens den Schnee von meinem Schlafsack schütteln, indem ich das Gerede vom «sonnigen Süden» als arglistige Täuschung verwünschte. Am Ende erwischte mich ein alter Feind: Brucellose. Diese Krankheit verursacht bei Rindern einen Anstieg von Fehlgeburten und beim Menschen ernste Krankheitssymptome mit fiebrigen Schüben. Fünfzehn Jahre oder länger kann es dauern, bis sie ausgeheilt ist, was ich aus eigener Erfahrung auf jeden Fall bestätige.

Unwissentlich hatte ich mir diese Krankheit noch als Student in England zugezogen, als ich mit infizierten Kühen zu tun hatte. Bei mir manifestierte sie sich zu Beginn in erhöhter Temperatur und einer Folge quälender Kopfschmerzattacken. Folglich wurde ich von der Front abgezogen, damit man mich untersuchen konnte.

Nach einer regelrechten Rundreise durch amerikanische Hospitäler wurde ich schließlich für kampfuntauglich erklärt und aus der Armee entlassen. Ich hatte zwei Jahre lang gedient.

Mein Abschied von der Armee war, als würde mir der Boden unter den Füßen weggezogen. Meine Freunde und die Kameradschaft fehlten mir. Ich hatte überlebt, gehörte also, wie ich sehr wohl wusste, zu denen, die «Glück gehabt» hatten, aber wie andere Schicksalsgenossen auch schämte ich mich fast für dieses Glück. Der Mensch ist nie vollkommen zufrieden; das ist nur den Tieren beschieden!

Womöglich deshalb, aus einem vagen Schuldgefühl heraus, weil mein Los sich, verglichen mit dem anderer, so glimpflich ausnahm, beschlichen mich ernsthafte Zweifel an meiner zivilen Tätigkeit. Die Praxis blühte und gedieh, aber ich war mir nicht sicher, ob das schon das Ziel all meiner Wünsche war. Zunehmend war mir, als würde ich Tieren gar nicht wirklich helfen, sondern lediglich Kapital aus ihnen schlagen, indem ich mithalf, ihre Produktivität für den Bauern zu steigern.

1947 fand ich ein Wundermittel gegen meine Zweifel, indem ich nämlich beschloss, einen Teil der Praxiseinkünfte in einen damals nahezu völlig unerprobten Geschäftszweig zu investieren: Ich wollte eine Tierklinik finanzieren und aufbauen. Abseits von Hochschuleinrichtungen war diese Idee ein ziemliches Novum. Nach meinen Plänen sollte es dort erstklassige tierärztliche Betreuung sowie modernste diagnostische und chirurgische Einrichtungen geben – Einrichtungen, die für Tierhalter sonst unerschwinglich waren. Der Bau der Klinik verschlang meine sämtlichen Ersparnisse und noch weitere Mittel darüber hinaus.

Erst nach fünf Jahren setzte bei mir die Ernüchterung ein; nicht über mein Werk, sondern über den Gebrauch, der davon gemacht wurde. Der Einsatz fortschrittlicher tiermedizinischer Methoden, das wurde mir weidlich klar, hängt letztlich vom Geldbeutel des Tierhalters ab oder von seiner Bereitschaft, tief hineinzulangen, was nicht immer auf dasselbe hinausläuft. Enttäuscht und ein wenig verbittert beschloss ich, die Klinik zu schließen, meine Praxis aufzulösen und dem Tierarztberuf überhaupt Lebewohl zu sagen, um mich an einer der berühmten Londoner Hochschulen für ein Medizinstudium einzuschreiben. Von nun an würde ich mich auf Humanmedizin verlegen und den entsprechenden Doktortitel anstreben.

Ein früherer Professor des *Royal Veterinary College*, der sich meiner noch aus Studientagen erinnerte, beobachtete meinen Rückzug aus der Profession mit echter Sorge. Eines Tages nahm er mich beiseite und erzählte mir, dass der Londoner Zoo nach der Tierarztverordnung von 1948 nunmehr einen ständigen Veterinär suchte, und schlug mir vor, mich um den Posten zu bewerben. Zwar wusste ich seine Liebenswürdigkeit zu schätzen, erklärte ihm aber, kein Interesse zu haben. Mit diesem Nein wollte er sich jedoch nicht zufrieden geben und versuchte es wieder und wieder, und zwar so hartnäckig, dass ich am Ende, wirklich nur ihm zuliebe, einem Vorstellungsgespräch zustimmte. Ich war zuversichtlich, dass man mir die Stelle nicht anbieten würde, beschränkte sich meine tierärztliche Erfahrung doch auf Nutzvieh und Haustiere. Von wilden Tieren verstand ich genauso viel wie die meisten meiner Zunftgenossen, und zwar sehr wenig.

Am Tag des Vorstellungsgesprächs betrat ich den Raum sorglos und überzeugt, dass die Prozedur nur wenige Minuten beanspruchen würde. Erst nach zweieinhalb Stunden kam ich wieder heraus, gedemütigt und in meine Schranken verwiesen. Die mir vorgelegten Fragen hatten gezeigt, dass meine Ignoranz noch schlimmer war als von mir selbst angenommen. Darüber hinaus hatte diese Tatsache in mir eine widerwillige Neugier auf die Aufgabe geweckt, an der ich bislang kein Interesse gehabt hatte.

Wie verabreichte man einem Tiger Arznei? Wie bekam man einen Tiger auf einen Operationstisch? Überhaupt, wie diagnostizierte man die Krankheit eines Tigers?

Je länger ich über diese Probleme nachsann, desto größere Lust hatte ich auf die Stelle. Ich musste mir eingestehen, dass sie eine Herausforderung darstellte und interessant sein könnte, falls sie mir angeboten würde. Aber dies war bislang nicht geschehen und würde gewiss auch nicht geschehen, und damit war der Fall erledigt.

Sechs Wochen darauf erhielt ich einen Anstellungsvertrag vom Zoo. Man bot mir 800 Pfund Jahresgehalt sowie die Nutzung einer kleinen Wohnung auf dem Gelände des Zoologischen Gartens. Völlig überrascht entschloss ich mich auf der Stelle, das Angebot anzunehmen.

ZU GUTER LETZT

Ich und der Tiger sollten letzten Endes noch Bekanntschaft schließen – doch zuerst musste ich lernen, wie man so ein Biest dingfest macht!

Erster Tag

IM LAUFE UNSERER KINDHEIT UND JUGEND erleben wir viele «erste Tage». Mit unserem ersten Tag im Kindergarten geht es los, dann kommt der erste Tag in der Vorschule, der erste Tag in der Grundschule, der erste Tag an der weiterführenden Schule und, falls man sich dafür glücklich qualifiziert hat, der erste Tag an der Uni. Mein erster Tag bei der *Zoological Society of London* war fürchterlich.

Ich musste feststellen, dass die gleichzeitige Ernennung zum Kurator für Säugetiere und hauptamtlichen Veterinär im Grunde eine Kosten sparende Maßnahme war, um zwei Angestellte zum Preis von einem zu bekommen und den Erfordernissen der Tierarztverordnung von 1948 nachzukommen, der zufolge nur noch ausgebildete Tierärzte zur Untersuchung und Behandlung von Tieren befugt waren.

Am Tag meiner Ernennung zum Kurator für Säugetiere und hauptamtlichen Veterinär des Londoner Zoos wurde auch John Yealland zum Kurator für Vögel ernannt. Trotz unserer wohlklingenden Titel hatten wir große Ähnlichkeit mit Erstklässlern am ersten Schultag, als wir uns um Schlag neun Uhr im Büro des Zoodirektors einfanden. Das war damals der unnachahmliche George Cansdale.

George war ein mehr als vorzüglicher Zoodirektor und dazu ein liebenswürdiger Mensch; er empfing mich mit den Worten: «Hier ist Ihr Büro. Richten Sie sich ganz selbständig ein; Sie sind der erste fest angestellte Veterinär, den wir je hatten, und ich habe keine Ahnung, was genau Sie vorhaben. Fürs Erste schlage ich vor, Sie begleiten die Aufseher auf ihrem Rundgang, um sich mit den Tierpflegern und verschiedenen Tiergehegen bekannt zu machen.»

Ich verließ Georges Büro und kehrte in die große Eingangshalle der Zoohauptverwaltung zurück. Dort stand, in strammer Habtachtstellung und ungemein schmuck anzusehen, Aufseher Vinall. Der Rang der Aufseher im Zoo entsprach dem eines Hauptfeldwebels der Armee; ihnen oblag die Leitung einer Abteilung mit allen Häusern, Tieren und Pflegepersonal. Aufseher Vinall war ein ehemaliger Artilleriehauptfeldwebel, und wie so viele Gediente behielt er auch im Zivilleben die in Kriegszeiten angeeignete Disziplin und Verhaltensweise bei. Seine Uniform war untadelig, das Abzeichen an seiner Mütze auf Hochglanz poliert, der Mützenschirm spiegelblank. Kein Fleck verunzierte seinen langen blauen Regenmantel, und die Schuhe an seinen penibel auf 45 Grad ausgerichteten Füßen glänzten. Als ich auf ihn zukam, salutierte er zackig und stampfte einen Fuß auf, in Habtachtstellung.

«Sah», sagte Vinall. «Ist mir ein Vergnügen, Ihre Bekanntschaft zu machen. Hier ist die Krankenliste, Sah.» Dann salutierte er erneut, um daraufhin «bequem» zu stehen. Vermutlich erwartete er nun irgendeine brillante Bemerkung von mir. Mit zitternder Hand nahm ich die Krankenliste in Empfang und senkte die Augen vor seinem stählernen Blick, um den Inhalt zur Kenntnis zu nehmen. Was ich dort sah, brannte mir Löcher ins Hirn, die sich bis heute dort befinden. Auf der Liste stand:

1. 1 *Puffoter*
2. 1 *Antilope*
3. 1 *Krokodil*

Dies kam einem Kulturschock gleich. Eine Woche zuvor noch war ich im grünen Surrey gemächlich den Geschäften eines Landtierarztes nachgegangen, hatte bei Pferden, Kühen, Schweinen, Hunden und Katzen nach dem Rechten gesehen, mit den Bauern geplauscht und so weiter. Die Knie wurden mir ein wenig weich, so brutal war die Umstellung.

Mit alberner, piepsiger Stimme sagte ich: «Vielen Dank, Mr. Vinall. Wollen wir mal einen Rundgang machen?»

Worauf Vinall bloß ein «Sah» erwiderte, zackig kehrtmachte und losmarschierte. Ich folgte dichtauf.

Zuerst machten wir bei dem Krokodil Halt. Bei unserer Ankunft im Reptilienhaus standen die Tierpfleger, fesch anzusehen, in einer Reihe da, fraglos, um einen guten Eindruck zu machen, vor allem aber, um sich den Spaß nicht entgehen zu lassen. Vinall machte mich in aller Form mit dem Revierpfleger bekannt, und alles wartete gespannt, was nun als Nächstes passieren würde. Auf dem Weg von der Hauptverwaltung zum Reptilienhaus hatte in meinem Kopf ein Aufruhr getobt, aber dann hatte ich entschieden, dass Aufrichtigkeit die beste Politik war, und so schlug ich dem Revierpfleger vor: «Wie Sie wissen, ist heute mein erster Arbeitstag, und ich muss noch vieles lernen. Wie wäre es, wenn Sie mir zunächst alles über dieses kranke Krokodil erzählen. Dann lege ich mich mit meinem tierärztlichen Wissen ins Zeug und wir schauen, ob wir beide die Sache zusammen in den Griff bekommen?»

Dies kam sehr gut an. Zustimmendes Gemurmel begrüßte mein Eingeständnis völliger Unkenntnis. Dadurch erhielt der Revierpfleger zudem eine wunderbare Gelegenheit, seinen reichen Wissensschatz auszubreiten, über den Arbeitsalltag im Reptilienhaus, das Pflegepersonal, Ernährung, Diät und Krankheitsverläufe. Übereinstimmend kamen wir zu der Einschätzung, dass das Krokodil, da die Besucher die Tiere damals noch füttern durften, sich – vermutlich in Folge verschluckter Münzen – eine sehr unangenehme Magenverstimmung zugezogen hatte, die wir am besten mit Arznei bekämpfen sollten. Welches Mittel hier angebracht war, wusste ich zwar, aber nicht, wie es zu verabreichen war. Diese Sorge nahm mir der Revierpfleger ab: «Geben Sie uns die Medizin, Sir, dann sehen wir zu, dass sie geschluckt wird.» Nach dieser Unterredung lud der Revierpfleger Vinall und mich noch auf einen Tee in die Wärterstube ein. Dies kam einem Ölzweig gleich, einem Händedruck oder der Unterzeichnung eines Friedensvertrags.

Danach besuchten wir die Puffotter und die Antilope, wo Begrüßungszeremoniell und Ergebnisse ähnlich ausfielen. Im Anschluss hatte ich becherweise Tee aus der Hand der Pfleger zu mir genommen, der stark dem schauderhaften Gebräu ähnelte, das ich im Krieg immer zu trinken bekam, als der Tee in riesigen Blecheimern auf einem Kanonenofen bereitet wurde, wo er endlose Stunden vor sich hin zog. Er schmeckte ziemlich scheußlich, aber es war ein Zeichen der Akzeptanz und eine freundliche Geste, einen Becher Tee – noch dazu mit Kondensmilch verfeinert! – angeboten zu bekommen, und eine Ablehnung wäre mehr als unhöflich gewesen.

Vinall erläuterte mir darauf, dass nun ein Besuch des in jenen Tagen so genannten Zoosanatoriums unumgänglich sei, auch bekannt als *Sanny*.

Wir schritten durch das Doppeltor, das in das Gelände rings um das *Sanny* führte. Der Anblick deprimierte mich zutiefst. Das Gebäude bestand aus alten Stallungen und Heuböden, die noch aus einer Zeit stammten, als im Zoo Pferdekarren das einzige Transportmittel waren. Bei der Einführung motorisierter Fahrzeuge wurde am anderen Ende des Zoos eine neue Dienststelle errichtet, und die alten Stallungen und Schober wurden zum Sanatorium umfunktioniert. Im Erdgeschoss fanden sich noch die alten Stallflügeltüren, zwischen denen eine bunte Schar von Geschöpfen hauste, hoffentlich allesamt auf dem Wege der Besserung. Im Obergeschoss befanden sich die Lagerräume, in denen früher Heu und Futtermittel aufbewahrt wurden. Dort hatte man Käfige aufgestellt und ein Büro für den zuständigen Beamten eingerichtet. Dies war der Transportbeauftragte, dem die Organisation von Tiertransporten innerhalb und außerhalb des Zoos oblag, der Import, die Quarantäne und bürokratische Abwicklung von Ankünften aus dem Ausland. Er wohnte ungefähr eine halbe Meile vom Zoo entfernt in ehemaligen Stallungen, die man in eine Quarantänestation umgewandelt hatte.

Er war ein guter Mann, aber von kranken Tieren verstand er nichts, obwohl sein Vater Tierarzt gewesen war. Wie um sein höheres Dienstalter geltend zu machen, trat er recht großspurig auf, außerdem trug er einen blauen Anzug. Von diesem Umstand schien er eine Überlegenheit dem uniformierten Personal gegenüber abzuleiten. Zwar tat er sein Bestes, sich nützlich und hilfsbereit zu zeigen, wirkte dabei aber unweigerlich gönnerhaft und herablassend. Meine Anwesenheit verdross ihn offensichtlich, da ich nicht nur für weite Teile des Tiergartens zuständig sein würde, sondern auch für das Sanatorium, das er als sein angestammtes, ureigenes Reich betrachtete – und ich war auch sein Chef!

Das alte *Sanny* war eine Katastrophe, und nach einigen Monaten setzte ich die Zooverwaltung davon in Kenntnis, dass man den Tieren in ihrem Besitz unter diesen Umständen keine angemessene ärztliche Betreuung zukommen lassen könne und der Neubau einer Klinik unumgänglich sei. Schließlich wurde ein neues Krankenhaus errichtet, das noch heute besteht – ein mit allem Drum und Dran ausgerüstetes Haus, noch immer weithin beispielhaft. Das alte *Sanny* wurde von den Revierpflegern als Sterbehospiz betrachtet. In ihrem Revier wollten sie auf gar keinen Fall kranke Tiere haben, und schon gar nicht, dass sie ihnen dort eingingen. Wenn also ein Tier erkrankte und auf einfache Behandlungsmethoden nicht ansprach, wurde es zum Sterben ins *Sanny* verfrachtet, wo es dann auch meist einging. Noch dazu begegnete man dem Personal des *Sanny* mit tiefer Geringschätzung. Eine Versetzung ins *Sanny* galt als eine Art Strafe und Gesichtsverlust.

Endlich ging mein erster Tag als Kurator für Säugetiere und hauptamtlicher Veterinär der Zoologischen Gesellschaft von

London zu Ende. Es war die reine Hölle gewesen, zum Teil deshalb, weil ich sehr rasch erkannte, wie wenig ich wusste und wie sehr ich auf die Hilfe der Tierpfleger angewiesen sein würde – die mir dann auch zuteil wurde. Am bedrückendsten war wahrscheinlich der Besuch im alten Sanatorium, damals der einzige Ort, an dem ich versuchen konnte, moderne tierärztliche Erkenntnisse umzusetzen. Das einzig Gute an meinem ersten Tag war die menschliche Wärme und Liebenswürdigkeit der Tierpfleger, die nach kurzer Zeit die Befangenheit der formellen gegenseitigen Vorstellung überwunden und erkannt hatten, dass ich so aufrichtig war, mich zu meiner Unkenntnis zu bekennen.

ZU GUTER LETZT
Tierpfleger werden vielfach unterschätzt und schlecht entlohnt, dabei könnten sie den Elfenbeinturmbewohnern in den Verwaltungen, die einen Zoo zu leiten glauben, so manche wertvolle Lektion erteilen.

2 Eine Eisbärengeschichte

WIE VIELE LESER MÖGEN SICH WOHL NOCH an den berühmten Smog vergangener Zeiten erinnern? Für alle, die davon keinen Begriff mehr haben, vorab eine Erläuterung. Smog bestand früher aus dicken, beißenden Schichten farbigen Nebels, der schwer in der Luft hing und üble Schadstoffe enthielt. Als Junge habe ich in den Dreißigern in den Midlands unglaublich schlimme Smogs miterlebt. Sie waren von gelblicher Farbe und stanken durchdringend nach den Ausstößen zahlloser Schlote von Hochöfen im *Black Country*, jenem Teil der West Midlands, in dem sich die Schwerindustrie konzentrierte. Metallteilchen und Säure waren unschwer als Bestandteile dieses Nebels auszumachen, der so erstickend dicht war, dass man ins Keuchen und Husten geriet. Draußen banden sich die Menschen als behelfsmäßige Gasmasken feuchte Tücher vor die Gesichter.

Tausende Menschen zogen sich in dieser Zeit Lungenleiden und tödliche Lungenentzündungen zu. Einmal hatte ein be-

47

sonders schlimmer Smog in den Midlands den tragischen Tod von drei- bis viertausend Menschen zur Folge.

Der Smog in London war diesen nicht unähnlich, wies aber nicht die Dichte der Smogs in den Midlands auf. Dessen ungeachtet hingen die Smogs in London schwer über der Stadt und stanken vorwiegend nach Hausschloten sowie Diesel und Benzin. Mitunter waren auch sie sehr dicht, und in einem, man ist versucht zu sagen, Fünf-Sterne-Smog beschränkte die Sichtweite sich auf wenige Fuß. Man konnte kaum die eigene Hand vor Augen sehen.

Nun stelle man sich die Folgen eines solchen Smogs für einen beliebigen Zoo, und insbesondere den *Regent's Park Zoo*, vor. Die Tierpflege bei solchem Smog ist äußerst schwierig. Für die Pfleger stellt schon der Weg von zu Hause zur Arbeit ein Problem dar, obwohl zum Glück viele von ihnen in der Nähe wohnten und ihre Treue zu ihren Schützlingen mir immer ein leuchtendes Vorbild war. Smog erschwert den Pflegern außerdem ihre Runde durch den Zoo, und bis der Smog sich lichtet, können sie den Tieren ihr Futter nicht bringen – was per Auto geschieht –, da Fahren zu riskant ist. Eines Tages Ende Oktober herrschte genau solch ein Smog.

Im Winter werden Besucher erst ab zehn Uhr morgens eingelassen, hauptsächlich deshalb, weil es davor noch zu dunkel ist. Die Tierpfleger sind normalerweise ab acht Uhr im Dienst, doch unter so fürchterlichen Bedingungen musste mit Verspätungen gerechnet werden.

Ich war in meiner Wohnung, die zwischen dem Robben- und dem Flusspferdgehege gelegen war, und machte mich gerade für den Tag fertig, als das interne Telefon auf eine Art und Weise schrillte, die mich irgendwie mit Ärger rechnen ließ. Ein aufgeregter Pfleger gellte mir ins Ohr: «Schnell, Sir, ein Eisbär ist abgehauen. Es ist das Männchen, und wir haben keine Ahnung, wo es steckt.»

Nacktes Entsetzen packte mich und mein Mund wurde trocken. Es gelang mir gerade noch, ihm zuzukrächzen: «Ich komme durch den Tunnel. Erwarten Sie mich vorm Aquarium.»

Etwas Besseres fiel mir augenblicklich nicht ein; das Aquarium war meiner Wohnung am nächsten gelegen, und der Weg dahin führte hauptsächlich durch einen langen Tunnel, in den sich ein entwischtes Tier wohl kaum verirren würde. Die beiden Tunnels – einer nach Osten, einer nach Westen – bildeten die einzige Verbindung zwischen den *South* und *Middle Gardens* des Zoos. Die *Mappin Terraces*, in denen die Bären und unter ihnen die Eisbären untergebracht waren, lagen im südlichen Teil, und das Aquarium befand sich gleich neben den *Terraces*.

Als ich das Haus verließ, bedrängte mich die Frage, wie ich mich verhalten sollte, falls ich unterwegs auf etwas Warmes, Pelziges stieße.

Mein Gang durch den Tunnel verlief ohne Zwischenfälle, aber in tiefem Dunkel. Die Lampen waren sehr schwach und wurden vom Smog praktisch überlagert, also tastete ich mich an den Wänden entlang. Beim Gehen versuchte ich immer einen Arm vor mir ausgestreckt zu halten, in der eigenartigen Annahme, dies könnte mich schützen, sollte ich dem Eisbären über den Weg laufen; wenn ich den Bären so ertastete, wüsste ich wenigstens, *wen* ich vor mir hätte! Die Vorstellung, in der Finsternis mit dem Biest zusammenzustoßen, jagte mir Schauer über den Rücken, und unter meinem Hemd konnte ich spüren, wie mir der Schweiß über den Körper strömte.

Am südlichen Ausgang des Westtunnels stieg ich in eine hellere Art von Finsternis hinauf, den herumwirbelnden Smog. Zaghaft kämpfte sich das Tageslicht hindurch, und vom Eingangsbereich des Aquariums her konnte ich Stimmen vernehmen. Da ich die vergleichsweise Sicherheit des Tunnels verlassen hatte, streckte ich nun beim Gehen beide Hände vor mir aus und gab durch wiederholtes Rufen die Richtung an, aus der ich kam. Der Smog war so dicht, dass ich die versammelten Tierpfleger erst aus ungefähr drei Metern Entfernung erblickte. Sie standen, was nur vernünftig war, dicht beisammen, hatten aber offenbar Angst, ohne eine Art Schlachtplan etwas zu unternehmen. Wir kamen überein, zunächst Hand in Hand eine Kette zu bilden und den Hauptweg entlangzugehen, wobei die beiden Männer an den äußeren Enden je ein Fangnetz mit sich führen sollten. Sobald wir den Bären sichteten, würden wir Halt machen und ihn dann, so alles gut ging, auf die bewährte Weise unter einem großen Fangnetz begraben, in dem er sich heillos verheddern würde. Dieses Manöver beherrschten wir, dank zahlreicher Übungen, aus dem Eff-eff.

Wir schwärmten aus und durchkämmten den Hauptweg des Zoos, ohne sicht- oder fühlbares Ergebnis. Auf einmal ließ sich die gellende Stimme des Mannes am hinteren Ende der Kette vernehmen: «Allmächtiger, gerade bin ich gegen seinen Hintern gestoßen. Er ist weggerannt!»

Ungefähr zweihundert Meter vor den Bärengehegen entschied ich, die Jagd zu beenden; es war zu gefährlich. Wir würden ihn mit einer Duftfährte zurücklocken. Langsam tasteten wir uns auf die Schlachterei zu, die ein Stück weit in der anderen Richtung lag, und füllten dort zwei Eimer, einen mit Fleischbrocken, den anderen mit Blut. Dann tasteten wir uns zu unserem Ausgangspunkt zurück, verteilten Blut und Fleisch am Boden und bewegten uns geschlossen, eine Spur hinter uns herziehend, auf das Eisbärengehege zu. Dies schien uns der einzig verfügbare Kniff. Der Bär war seit dem Vortag nicht mehr gefüttert worden und würde Hunger verspüren. Am Eisbärengehege angelangt, kletterten wir auf die Plattform über dem geöffneten Gatter, hielten in den dichten Smogschwaden wachsam Ausschau und warteten.

Nach einer halben Ewigkeit, in Wahrheit aber schon nach ungefähr zwanzig Minuten, hörten wir ein Scharren und Schnüffeln und erblickten, ganz unvermittelt, in der Düsternis ein riesiges Eisbärenmännchen, das auf sein Gehege zustrebte. Dicht vor dem Eingang blieb es stehen. «Mein Gott», flüsterte ich, «er hat uns gewittert. Keine Bewegung.» Augenblicklich erstarrten wir und hielten den Atem an. Das riesige Männchen stand auf den Hintertatzen, und ein paar sehr lange Sekunden lang starrten uns seine bösen kleinen Äuglein aus einer Entfernung an, die uns wie eine Handbreit vorkam, tatsächlich aber an die drei Meter betrug. Nach diesen qualvollen Sekunden ließ das Tier sich wieder auf alle viere hinab und rannte buchstäblich auf das Fressen in seinem Gehege zu. Laut krachend rasteten die Verschlussbolzen am Gatter ein, und wir konnten endlich unsere Aussichtswarte verlassen. Ganz langsam bewegten wir uns durch die Dunkelheit auf die Personalkantine zu, die inzwischen zum Frühstück geöffnet hatte. Um hinzufinden, mussten wir uns an den Zäunen und Bänken entlangtasten. Dort begrüßten uns zwei muntere Bedienungen. Sie hatten keine Ahnung, was vorgefallen war. Eine wandte sich an mich und sagte: «Guten Morgen, Sir. Sie sind heute ein bisschen früh dran, oder. Was ist los, konnten Sie nicht schlafen?»

Totenstille herrschte und keiner sagte ein Wort.

Mir fiel nur eine Bitte ein: «Können wir bitte sechs Kaffee haben, mit Zucker?» Nie hat ein Kaffee besser gemundet als die Tasse an jenem Morgen.

ZU GUTER LETZT

*Der Bär wurde schließlich ein sesshafter
Ehemann und setzte mit seiner Gefährtin Junge
in die Welt. Seine Eskapade hatte ihm also
gut getan!*

3 Cholmondeley geht promenieren

Wie wertvoll ein Zootier auch sein mag – selbst wenn sein Wert sich im fünfstelligen Pfund-Bereich bewegt – und wie sehr seine Pfleger auch an ihm hängen mögen, die Sicherheit der Besucher geht im sehr seltenen Fall eines Ausbruchs immer vor. Umso besser, wenn das Tier lebend mit Fangnetzen, Fallen und Boxen eingefangen werden kann; andernfalls aber gilt es, schwerwiegende Entscheidungen zu treffen. Ein solches Geschick war Cholmondeley, dem ausgerissenen Schimpansen, beschieden.

Cholmondeley war ein Schimpanse von beträchtlich gutem Geschmack und jovialer Wesensart; er frönte den kleineren Lastern und Finessen der menschlichen Rasse, die er sich in Afrika bei seinem früheren Besitzer, der ihn als Waisenkind aufgezogen hatte, ohne große Mühen angeeignet hatte. Er rauchte leicht zwanzig Zigaretten am Tag, ließ sich mitunter auch ein Fläschchen Stout munden und hatte seinem früheren Herrn bei Tisch Gesellschaft geleistet. Er war es gewohnt, Kleidung zu tragen, und hatte bessere Manieren als mancher Mensch. Zu Cholmondeleys Unglück hatte die Prägung durch den Menschen bei ihm jedoch einen tiefergehenden Eindruck hinterlassen, als man aus diesen oberflächlichen Anzeichen hätte schließen können. Der Schimpanse, dem im Normalfall ein unkompliziertes Leben in den Bäumen beschieden gewesen wäre, war als Kleinkind eingefangen worden und hatte im Lauf der Jahre fast völlig aufgehört, sich mit seiner eigenen Art zu identifizieren.

Die Schattenseiten seiner Existenz bekam Cholmondeley erst zu spüren, als sein Herr in den Ruhestand versetzt wurde und sich außerstande sah, ihn bei sich zu Hause zu behalten. Er wurde der Obhut des Zoos übergeben, und diese Veränderung war ihm tief zuwider. Nach und nach trübte sich das einst so fröhliche Gemüt des Schimpansen, er wurde zusehends verdrossener und schwermütiger. Seine Gesundheit begann nachzulassen, dazu war er immer stärkeren Stimmungsschwankungen unterworfen.

Cholmondeley lieferte uns ein klassisches Beispiel dafür, was passieren kann, wenn ein Tier seinen natürlichen Lebensverhältnissen entrissen und zur Nachahmung des Menschen angehalten wird. Es gewöhnt sich an menschlichen Komfort und nimmt die ihm auferlegte Rolle schließlich als naturgegeben an, worüber seine primitive Vergangenheit in Vergessenheit gerät.

In Anbetracht solcher Umstände lässt sich leicht nachvollziehen, wie verwirrt und entwürdigt der Schimpanse sich gefühlt haben muss, als er seiner Kleidung beraubt und der Gesellschaft seiner weit weniger zivilisierten Artgenossen ausgesetzt wurde. Der Alltag im Gehege, wie angenehm er auch immer für den durchschnittlichen Insassen war, muss ihn, der einst auf der gesellschaftlichen Leiter so hoch geklommen war, tödlich gelangweilt haben.

Ich habe immer die Ansicht vertreten, ein Leben im Zoo sei für die meisten Tiere womöglich der gefahrvollen Existenz im Dschungel vorzuziehen, vorausgesetzt, es herrschen ähnliche Bedingungen wie im Londoner Zoo. Es gibt aber auch Ausnahmen, und Cholmondeley war eine davon.

Im Laufe der Wochen sahen wir immer deutlicher, dass Cholmondeley zum Opfer einer zunehmenden Psychose wurde. Zeitweilig erlitt er heftigste Temperamentsausbrüche und Wutanfälle, doch meist hockte er nur teilnahmslos im Käfig, verweigerte Nahrung und Wasser und widerstand allen Versuchen, seinen Trübsinn aufzuheitern. Eines Tages aber entwickelte er eine neue Verhaltensauffälligkeit; sein Pfleger traf ihn dabei an, wie er sich stöhnend und grimassierend am Gesicht herumstrich und -drückte.

Nachdem ich verständigt worden war, um diese jüngsten Symptome des bedauernswerten Tiers zu begutachten, vermutete ich körperlichen Schmerz, höchstwahrscheinlich Zahnweh, als Auslöser und beschloss, ihn zu untersuchen, unter Narkose natürlich.

Zu jener Zeit bestand die einzige Möglichkeit, ein Tier von Cholmondeleys Größe und Art zu betäuben, in der Anwendung einer primitiven Form von Gaskammer, eines Kastens, in den durch eine seitliche Öffnung Chloroform eingeleitet wurde. Doch obwohl es uns gelang, unseren Patienten in diese Vorrichtung zu locken, zeigte er sich im Folgenden alles andere als kooperativ.

Wir drehten das Gas auf und warteten darauf, dass er nun bewusstlos würde; dann warteten wir weiter, denn es schien sich nichts zu tun. Der Schimpanse blieb auf den Beinen und offenbar putzmunter. Weitere Minuten verstrichen, und immer noch geschah nichts. Das Gas schien keinerlei Wirkung zu haben. Als ich Cholmondeley verwirrt musterte, musste ich feststellen, dass er meinen Blick ziemlich keck erwiderte. Er hatte eine haarige Hand gegen die Seitenwand gestemmt und kratzte sich mit der anderen gedankenverloren über die breite Brust. Dabei wirkte er ausgeglichener als seit Monaten, was meine Verwirrung nur noch steigerte. Hier, so schien es, zeigte sich ein seltenes Phänomen, das allen unseren Erfahrungen Hohn zu sprechen schien.

Den Grund für Cholmondeleys außerordentliche Widerstandskraft entdeckten wir erst, als einer aus dem Team um den Kasten herumging und in Gelächter ausbrach. Der Schimpanse stützte sich mit seiner Hand nicht bloß ab; er hatte vielmehr den Zeigefinger genau über den Austritt der Gasleitung gelegt.

Leider sollte dieser Vorfall mit das letzte Beispiel für die Intelligenz und den Einfallsreichtum dieses höchst bemerkenswerten Tieres sein, das sich mit seinen Kunststückchen einst einen Platz am Tisch des Hauptmanns verdient hatte.

Die Tür von Cholmondeleys Unterkunft im *Sanny* war so altersschwach und morsch, dass sie mit Stahl verstärkt worden war. Davon ließ er sich nicht aufhalten. Er entkam aus seiner Zelle, indem er einfach den Türrahmen aus dem alten Mauerwerk heraushob. Wenige Minuten später meldete man mir: «Schimpanse ausgebrochen!» Von allen konfusen Versuchen, Cholmondeley vor den Folgen seiner Tat zu schützen, war einer besonders mutig und auch fast von Erfolg gekrönt, nämlich der von Bill Harwood, einem langgedienten, erfahrenen Zooangestellten, der sich an so vielen Tätigkeiten im Zoo beteiligte, dass manchmal schwer zu entscheiden war, wo seine Veranwortlichkeiten anfingen und aufhörten.

Bill bewies in der Cholmondeley-Affäre wahren Heldenmut. Ungeachtet des Risikos jagte er dem wütenden Schimpansen nach, holte ihn ein und drängte ihm, was eine geniale Idee war, eine Flasche Stout auf. Dann brachte er ihn mit äußerster Unverfrorenheit und durch unglaubliche Überredungskünste irgendwie dazu, sich hinzusetzen und ein weiteres Bier mit ihm zu trinken.

Vorübergehend sah es so aus, als würde Bills Plan aufgehen,

das Tier abzulenken, bis Hilfe eintraf und ihn in seinen Käfig zurückbrachte. Dann aber sprang Cholmondeley wütend auf, als spürte er, dass sich das Netz um ihn zusammenzog, und entwischte von neuem, zorniger denn je. Nun gab es für ihn keine Rettung mehr.

Unsere Annäherungsversuche fanden ein jähes Ende, als Cholmondeley beim Gloucester Gate des Regent's Park anlangte. Auf der Straße davor herrschte dichter Verkehr, und im Park genossen Scharen argloser Bürger die Sonne, sodass es für das unglückselige Tier kein Pardon mehr geben konnte.

Widerstrebend wurde der Schütze des Zoos verständigt, dessen Künste nur bei den seltenen Anlässen in Anspruch genommen wurden, wenn alle gütlichen Versuche gescheitert waren, und er eilte mit seinem Gewehr herbei.

Mit einem einzigen Schuss streckte er Cholmondeley nieder, den Schimpansen, der unwillentlich zu einer Bedrohung für die Spezies geworden war, die man ihn als seinesgleichen zu betrachten gelehrt hatte. Beim Anblick seines zusammengesunkenen Körpers fühlten wir uns, glaube ich, alle schuldig. Als ich mir vor Augen rief, wie sehr das Tier vermenschlicht worden war, bekam der Vorfall fast einen Ruch von Brudermord, und er wird mir immer als eine der schmerzlichsten Begebenheiten meiner Zeit im Zoo in Erinnerung bleiben.

ZU GUTER LETZT

Eines steht fest: Ganz gleich, welcher Beliebtheit ein Zootier sich erfreuen mag, die Sicherheit von Menschen muss einfach Vorrang haben.

4 Vom Gorilla verfolgt

Das Wort Gorilla löst bei den meisten Menschen Reaktionen aus. Sie denken dabei an eine Furcht erregende Riesenbestie mit mächtigem Gebiss, geifernd und angriffslustig. Vor vielen Jahren gab es einen Film namens *King Kong*, in dem es um einen in New York wütenden Riesengorilla ging, der am Ende das Empire State Building erklomm. Zu guter Letzt wurde er von einem Flugzeug aus mit Maschinengewehrsalven umgemäht, aber zuvor hatte er bei seiner wilden Flucht durch die Stadt Häuser zermalmt und Chaos angerichtet. Das arme Geschöpf hatte sich angeblich in eine bildhübsche junge Frau verliebt, die es voll Zartgefühl und Umsicht in seinen riesigen Pranken umhertrug. Diese groteske, lachhafte Geschichte erlangte weltweit große Berühmtheit und war eine Hauptursache für den schlechten Ruf der Gorillas, den sie wirklich nicht verdient haben.

In freier Wildbahn bleiben Gorillas unter sich und sind sehr scheue, sanfte Geschöpfe. Mittlerweile sind der Öffentlichkeit Bilder von Zoologen wie David Attenborough vertraut, der in enger Tuchfühlung mit Gorillafamilien beim Austausch von Berührungen und anderen Zeichen gegenseitiger Achtung betrachtet werden kann. Tatsächlich gerät der Gorilla nur beim Auftauchen von Tieren in Wut, vor denen er seine Familie schützen will. Gorillas sind äußerst intelligente und interessante Tiere. Ihr Leben ist in sehr hohem Maße organisiert und diszipliniert, weshalb es im Grunde ein Jammer ist, sie überhaupt in Gefangenschaft zu halten. Viele Zoos, in denen sie gehalten werden, erkennen ihr Bedürfnis nach Zurückgezogenheit an, sind sich jedoch der entscheidenden Rolle bewusst, die sie bei der Erhaltung der Art spielen. Ein hervorragendes Beispiel dafür sind die Gorillas im Zoo von Jersey, zusammengeführt von Gerald Durrell, diesem bemerkenswerten Autor und kreativen Zoologen, der inzwischen nicht mehr unter uns weilt.

In besseren Zoos wird heute eine regelrechte Nachzucht von Gorillas betrieben, was zu begrüßen ist, da ihr Territorium zusehends schrumpft: Die Menschen dringen immer weiter in ihre natürlichen Lebensräume in Afrika vor. Unseligerweise gelten Gorillapranken bei manchen Jägern als begehrte Trophäen, und welche Metzelei vonnöten ist, um diese Nachfrage zu stillen, ist leicht vorstellbar.

Viele Jahre lang lebte im Londoner Zoo ein weithin berühmter und bekannter Gorilla namens Guy. Er war ein Riese und sehr sanft. Mehrfach wurde der Versuch unternommen, ihm ein

Weibchen beizugesellen, doch ein Leben als Einzelgänger war ihm lieber; viele Leute waren der Ansicht, sein Gehege, obschon tadellos sauber und top gepflegt, sei unzureichend für ein so prachtvolles Tier dieser Größe.

Die Begegnung mit Guy und dem für ihn zuständigen Tierpfleger war meine erste Erfahrung mit einem Gorilla. Der Tierpfleger war ein gescheiter Mann, der sich mit Primaten allgemein und Gorillas im Besonderen sehr gut auskannte. Ein äußerst freundschaftliches Verhältnis verband ihn mit Guy, und er pflegte den Affen zum Spielen in seinem Käfig und Außengehege aufzusuchen, was manchen von uns erstaunte.

Ziemlich zu Anfang meiner Tätigkeit im Zoo lud mich der für das Affenhaus zuständige Revierpfleger auf eine Tasse Tee in die Wärterstube ein, um mir seine diversen Kniffe im Umgang mit den Primaten und insbesondere mit Guy, dem Gorilla, anzuvertrauen. Als er mir erzählte, dass er mit diesem Riesen von einem Tier auch spiele, drängte es mich zu wissen, wie er vorging, falls der Gorilla wütend wurde oder außer Kontrolle geriet.

«Haha», sagte er und holte aus der Ecke der Stube ein kurzes Stück Gartenschlauch herbei, das gerade Platz in seiner Hosentasche fand.

«Wofür ist das gut?», wollte ich wissen.

«Sehen Sie», sagte er, «Gorillas mögen Schlangen nicht. Wenn ich mit Guy nicht weiterspielen will, hole ich einfach dieses

Stückchen Gartenschlauch raus, das er für eine Schlange hält, dann schreckt er zurück und lässt mich in Ruhe, und ich kann das Gehege verlassen. Kommen Sie nach der Fütterung wieder vorbei, Sir, dann führe ich Ihnen vor, was ich meine.»

Nach der Fütterung fand ich mich wieder dort ein, und der Tierpfleger nahm mich mit zu Guys Käfig, schloss die Tür auf und trat ein. Er ging auf Guy zu, der ihm die Hand entgegenstreckte, worauf sich zwischen ihnen ein kurzes Zwiegespräch und spielerisches Geplänkel im Innenkäfig entspann. Dann stürmte der riesenhafte Gorilla hinaus ins Außengehege und ließ keinen Zweifel daran, dass er mit dem Pfleger draußen zu spielen wünschte. Ich ging hinaus, um mir das Spektakel anzusehen. Es zog sich eine Weile hin. Meinem Empfinden nach artete das Spiel langsam ein wenig aus, aber der Stolz des Tierpflegers stand auf dem Spiel. Als es so weit kam, dass Guy den Pfleger an Kragen und Hosenboden gepackt hielt und buchstäblich den Boden mit ihm fegte – zum Spaß, wie es schien –, merkte ich, dass der Pfleger außer Atem war und die Sache aus dem Ruder lief. Als er bei der zweiten oder dritten Runde an mir vorbeikam, murmelte er mir halblaut, aber vernehmlich zu: «Den Schlauch, holen Sie den Schlauch!»

Mir ging auf, dass der Tierpfleger vergessen hatte, den Schlauch einzustecken, und den Gorilla nicht zu stoppen vermochte. Ich hastete in die Wärterstube, holte den Schlauch, kehrte zum Außengehege zurück und hielt ihn dem Gorilla entgegen, der inzwischen mit dem Tierpfleger gewissenhaft den Boden kehrte. Es funktionierte wunderbar: Der Gorilla ließ den Pfleger los, stürmte zurück in den Innenkäfig und war nicht mehr herauszulocken. Ganz rot, zittrig, voll Schmutz und Staub kam der Tierpfleger aus dem Außenkäfig. Allerdings bewahrte er in dieser Lage noch große Würde, wandte sich an mich und sagte: «Wie Sie sehen, Sir, Guy und ich verstehen uns blind!» Diese Begebenheit mag illustrieren, dass Gorillas recht verspielt und sanft sein können, ihre Kraft aber nicht einzuschätzen vermögen.

Im Zoo waren einige frisch importierte Gorillas eingetroffen, und ich ließ sie in die Quarantäneabteilung bringen, um sie einer gründlichen Untersuchung zu unterziehen. Wir mussten feststellen, ob sie irgendwelche Hautprobleme hatten, Darminhalt und Urin prüfen und so fort, um zu sehen, ob sie gesund genug waren, um der Öffentlichkeit vorgestellt zu werden. Es waren drei Silberrückengorillas – ziemlich seltene Exemplare. Die Untersuchung war fast abgeschlossen, nur die Lungen mussten noch geröntgt werden. Da diese Gorillas fremd und nicht eben handzahm waren, wurde beschlossen, sie vor dem Röntgen zu betäuben. Das Verabreichen von Betäubungsmitteln stellt immer ein Problem dar, denn die meisten Tiere sind zu schlau, um etwas zu fressen, das übel riecht oder bitter schmeckt.

Der Gorilla ist ein sehr intelligentes Tier, und so standen wir vor der Frage, welches Betäubungsmittel wir ihm in seinem heiß geliebten Orangensaft verabreichen könnten, ohne dass er es roch oder schmeckte. Von einem europäischen Hersteller hatten wir eine Probe eines neuen Medikaments erhalten, dem begeisterte Referenzen beigefügt waren, in denen es als ideales Betäubungsmittel für argwöhnische Tiere gepriesen wurde. Den Anschein machte es allemal: Es war so farblos wie Wasser, bei einer Lippenprobe geschmacksneutral und geruchlos. Wir waren alle überzeugt, dass es funktionieren würde. Also mischten wir die entsprechende Dosis frischem Orangensaft bei und man händigten das Glas dem Tier aus, das geduldig dasaß und sich wunderte, was hier wohl vorging.

Es war ein amüsanter Anblick, wie wir alle im Flur standen und scheinbar unbeteiligt abwarteten, dass das Mittel wirken würde. Zunächst beäugte der Gorilla das Getränk mit äußerstem Misstrauen; er leckte an dem Glas herum und steckte seine Zungenspitze in die Flüssigkeit; er sah uns lange Zeit an und hielt das Glas sehr fest umfasst, aber er trank nicht. Nachdem er eine Weile sorgfältig nachgedacht und abgewogen hatte, entschied der Gorilla, dass es sich lediglich um ein feines Glas Orangensaft handele, und so leerte er es bis auf den letzten Tropfen.

Nun warteten wir. Wir starrten den Gorilla an und der Gorilla starrte uns an. Fünf, zehn, fünfzehn, zwanzig Minuten verstrichen ohne sichtbares Ergebnis, nur dass es den Gorilla offensichtlich belustigte, wie untätig wir ihn anstarrten. Er sprang fortwährend im Käfig herum, wie um uns zu belustigen oder auch nur zu verscheuchen. Nach fünfundzwanzig Minuten, als wir schon jede Hoffnung auf eine Wirkung des Mittels aufgegeben hatten, kniff der dasitzende Gorilla auf einmal die Augen zu, schwankte vor und zurück und schlug mit ausgestreckten Armen rücklings hin. Er war in jeder Hinsicht bewusstlos. Obwohl es so lange gedauert hatte, waren wir nun erleichtert, dass das Mittel endlich die gewünschte Wirkung gezeitigt hatte.

Ich habe immer größten Wert darauf gelegt, in solchen Fällen den Tierkäfig als Erster zu betreten und sicherzugehen, dass der Patient bewusstlos war und somit von meinen Helfern gefahrlos bewegt werden konnte. Zu meiner Absicherung hatte ich ein Seil um die Taille geschlungen, das ausgelassen wurde, während ich den Käfig betrat, und an meine Leute die strikte Anweisung gegeben, daran zu ziehen, als hinge ihr Leben davon ab, sobald ich «Ziehen!» rief. Mein Leben könnte durchaus davon abhängen, gab ich ihnen zu bedenken. So betrat ich also den Käfig mit dem – hoffentlich – bewusstlosen Tier. Ich überprüfte sämtliche Reflexe des Gorillas, und er war anscheinend völlig bewusstlos. Ich bat zwei Pfleger herein, die ihn hochhoben und durch den Flur in die Röntgenabteilung beförderten, wobei er mit den über den Boden schleifenden Füßen einem betrunkenen Seemann ähnelte.

Während eines Besuchs in Russland hatte ich oft mit angesehen, wie die Miliz mit wodkagetränkten Mitbürgern ebenso verfuhr.

Die kleine Prozession kam, von mir zuversichtlich beobachtet, ungefähr neun Meter den Flur entlang in Richtung Röntgenabteilung, als der Gorilla plötzlich aufsprang und die beiden Wärter abschüttelte. Er drehte sich zu mir um; offenbar war er sehr wütend und hellwach. Den Anblick werde ich nie vergessen; er reckte die Arme hoch, riss die Kiefer auseinander, wobei das tiefrote Mundinnere und zwei Reihen glänzende Riesenhauer zum Vorschein kamen, und kam brüllend auf mich zugestürmt.

Den Bruchteil einer Sekunde lang war ich wie erstarrt und wusste nicht, was ich tun sollte. Verzweifelt sah ich mich nach einer Waffe um, mit der ich mich hätte zur Wehr setzen können, und erblickte einen gewöhnlichen Besen mit Borstenkopf. In meiner Verzweiflung schnappte ich ihn mir und richtete ihn nach vorn, wie ein stachliges Bajonett oder eine Lanze. Lächerlich!

Der Gorilla stürmte mit voller Wucht dagegen, und ich wurde umgestoßen und landete auf dem Hinterteil. Zu meinem Erstaunen beförderte ihn die Wucht des Zusammenstoßes mit dem Besen zurück in den Käfig, aus dem er gekommen war, wo er, was noch erstaunlicher war, erneut völlig bewusstlos zu Boden sackte. Ich ging zu ihm und testete seine Reflexe – offensichtlich war er wieder besinnungslos. Die geplante Röntgenuntersuchung ersparte ich mir, schloss sorgsam die Käfigtür ab und ging dann in die Wärterstube, um das Problem zu besprechen. Eins war sonnenklar: Das neue Medikament war, allen vollmundigen Behauptungen zum Trotz, absolut unzuverlässig, wenn das Tier lange genug das Bewusstsein zurückerlangen konnte, um Aufruhr zu stiften und dann wieder wegzudämmern. Die Sicherheit der Mitarbeiter im Zookrankenhaus war durch dieses Mittel nicht gewährleistet.

Ein paar Tage später, nach Neubewertung der Lage, verwendeten wir Mittel, auf die Verlass war, und zwar per Injektion, nachdem wir den Gorilla in einen Spezialkäfig gelockt hatten, der uns das Verabreichen einer Spritze gestattete. Die Röntgenprozedur verlief zu unserer vollsten Zufriedenheit, und wir konnten darüber einen Bericht schreiben. Wir entdeckten, dass nicht nur dieses Exemplar, sondern auch die beiden anderen Gorillas unter einer Tuberkulose der Atemorgane litten, die sie sich wohl als Jungtiere in den Sammelzentren in Afrika geholt hatten.

Einige Jahre davor hatten wir nach einem jähen Aufflackern von Tbc im Tierbestand eine hochwirksame Tuberkulosebehandlung entwickelt. Diese konnten wir nun auch bei den Gorillas anwenden, die daraufhin bald gesund wurden.

Dieser Durchbruch wurde nach der Entdeckung erzielt, dass einige der Tierpfleger und Tiere mit Tuberkulose infiziert waren. Die betroffenen Pfleger wurden krankgeschrieben, und für das verbleibende Personal wurde eine Reihe vorbeugender Schutzmaßnahmen ergriffen, darunter Massentests und Impfungen. Unter den Tieren im Zoo jedoch schien die Krankheit sich weiter auszubreiten.

Wo dies möglich war, wurden Tuberkulosetests unter Verwendung von Tuberkulin durchgeführt. Bei manchen Tieren stellten wir menschliche Tbc fest – vermutlich von infizierten Pflegern oder Zoobesuchern übertragen – , andere hatten Rinder-Tbc – wahrscheinlich von dem Fleisch aus Abdeckereien, das an sie verfüttert wurde und, wegen der Regierungspolitik in Bezug auf die Schlachtung von Nutzvieh, ungeklärter Herkunft war. Bei Ausbruch einer solchen Seuche in einer Nutzviehherde wäre im Normalfall die Notschlachtung der Tiere angeordnet worden, für einen Zoo aber kam eine so drastische Maßnahme nicht in Frage, nicht zuletzt aus sentimentalen Gründen.

Zu jener Zeit machte ich die Bekanntschaft eines französischen Arztes namens André Gremeaux, der Leiter der Forschungsabteilung eines Arzneimittelkonzerns war. Unser Problem interessierte ihn, da sein Unternehmen damals mit der Entwicklung eines Medikaments zur Behandlung von Tbc bei Menschen befasst war. Es funktionierte auf der Basis von zwei Wirkstoffen. Durch den ersten wurde der schützende Fettmantel der Bakterien aufgelöst, der zweite tötete die Bakterien selbst ab. Gremeaux berichtete mir von einer neuen Chemikalienkombination, die sich als wirksamer erwies als herkömmliche Behandlungsmethoden, und wir entschieden, dass die Infektionen im Zoo eine ideale Gelegenheit zur Erprobung dieser zauberkräftigen Mixtur boten.

Auf dem Affenberg beherbergten wir 250 Rhesusaffen, die zu unserem Entsetzen alle infiziert waren; für sie wurde ein riesiges Freiluftsanatorium errichtet, um sie draußen an der frischen Luft unterbringen zu können. Alle infizierten Primaten wurden dann mit Gremeaux' Rezeptur behandelt, und durch das Zusammenwirken von klinischer Isolierung und seinem neuen Heilmittel wurde die Epidemie wundersam gestoppt.

Nach diesem Erfolg hielt ich zu dem Thema bei einer der monatlichen Sitzungen der Zoologischen Gesellschaft einen Vortrag. In den Jahren darauf wurde bei stark von Tbc betroffenen Bevölkerungsteilen in der Dritten Welt eine Behandlung mit Trinkwasser eingeführt, das mit Medikamenten versetzt worden war – ausgehend von unserer Erfahrung im Zoo. Später wurden verbesserte Behandlungsmethoden unter Verwendung von Antibiotika entwickelt, unsere Arbeit im Zoo jedoch blieb gleichwohl eine Art unbesungener Durchbruch im Kampf gegen die Tuberkulose.

ZU GUTER LETZT

Manchmal erwache ich noch heute schreiend aus grauenhaften Albträumen, in denen ich von einem Gorilla einen imaginären Flur entlanggejagt werde. Wen überrascht's?

5 Flucht

Der Tag im Londoner Zoo begann ganz normal. Ich stand auf und trat um acht Uhr früh meinen morgendlichen Rundgang an, der mich zunächst auf Visite ins Krankenhaus führte.

Rundgang und Visite schienen sich an diesem Morgen ganz im Rahmen des Üblichen zu halten, und die tüchtige Krankenhausbelegschaft ging wie gewohnt ihren Pflichten nach, namentlich der Zusammenstellung der Nahrungszuteilung für die über dreißig kranken und kränkelnden Schützlinge, die sich zu der Zeit in der Klinik befanden. Nach Beendigung meiner Runde schaute ich bei meinen Sekretärinnen vorbei, um zu erfahren, was der Tag mir noch bringen würde. Als nächster Termin stand für 11 Uhr eine Sitzung in der Zentrale des Britischen Tierärzteverbands, kurz BVA genannt, in London an, also machte ich mich bereit zum Aufbruch.

Im Weggehen sagte ich: «Falls irgendetwas ist, rufen Sie mich bei der BVA an, dann komme ich, falls notwendig, sofort zurück.» Darauf erntete ich ziemlich müde Blicke; diese Anweisung war allen wohlvertraut, trotzdem nahm man klaglos hin,

74

dass ich sie jedes Mal wiederholte, wenn ich aus dem Haus ging. Keiner von uns ahnte, welches Gewicht meine Worte an diesem Tag erhalten sollten.

Die Sitzung in der BVA-Zentrale nahm ihren monotonen Lauf, und von Zeit zu Zeit gerieten meine Gedanken ins Schweifen; sehnsüchtig wünschte ich mich fort, egal wohin, anstatt hier an einem Tisch in einem stickigen Raum an der Mansfield Street sitzen zu müssen. Plötzlich flog die Tür des Konferenzraums auf, ein Verbandsangestellter kam hereingeplatzt und eilte direkt auf mich zu, wodurch die Sitzung jäh unterbrochen wurde. Mit nervöser und weithin hörbarer Stimme rief er: «Rasch, zwei Bären sind aus dem Londoner Zoo entkommen!» Die Auswirkung auf die Sitzung war dramatisch, wurde aber noch übertroffen von der Dramatik meines Aufbruchs. Sechs Minuten später traf ich im Zoo ein und stürmte durch die Schwingtüren der Klinik, die wegen der Hast meines Eintretens noch ein Weilchen krachend auf- und zuflogen. Meine tüchtige Sekretärin war instruiert, mein Narkosegewehr sowie die Pistole bereitzuhalten – die fliegende Spritze –, die ich vermutlich benötigen würde.

Die Idee zu der fliegenden Spritze kam mir nach dem Zusammentreffen mit Red Palmer von der *Palmer Chemical Corporation* in den USA. Er hatte ein Gewehr erfunden, das in den Vereinigten Staaten mit Erfolg zum Einfangen von Hunden unter Tollwutverdacht eingesetzt wurde. Ich veränderte den Inhalt der

Spritzen in den Gewehrpfeilen und setzte auf einen Medikamentencocktail, bestehend aus einem sofort wirkenden Paralytikum, einem Beruhigungs- sowie einem Narkosemittel. So konnten Tiere endlich auf halbwegs humane Art eingefangen werden, ohne die überholten Netze und Boxen, und dank der Medikamente behielt das Tier keine Erinnerung an den Vorfall zurück, war also nur dem denkbar geringsten Stress ausgesetzt.

Dieser Meilenstein auf dem Gebiet der medikamentösen Betäubung wilder Tiere, in freier Wildbahn wie auch im Zoo, fand rasch internationalen Anklang. Durch eine Beschreibung der Technik im Fachblatt *Veterinary Record* machte ich sie allen Tierärzten zugänglich, und alsbald bürgerte sich die Bezeichnung «fliegende Spritze» dafür ein.

Unser nächster Schritt bestand dann in der Entwicklung einer Schusswaffe mit kurzer Reichweite aus einer modifizierten Webley-Luftpistole.

In aller Eile ließ ich mich darüber in Kenntnis setzen, dass die Bären irgendwo im Inneren der *Mappin Terraces* umherstreiften, einer aus großen halbkreisförmigen Terrassen bestehenden Anlage, die eine Reihe von Tierarten beherbergt, darunter Bären. Tausende Menschen waren im Zoo unterwegs, und ich befürchtete, die Bären könnten aus den *Terraces* entkommen und die Besucher angreifen. Fangnetze wurden überall auf dem Zoogelände bereitgehalten, aber bei der Vorstellung, Bären einfangen zu wollen, die sich bereits unter die Besucher gemischt hatten, wurde mir schwindelig.

Ich hastete zur untersten Terrasse der Anlage, wo ich zu meinem Erstaunen drei schweigende, reglos dastehende Zoobedienstete antraf.

Ich stürzte auf den ersten zu und brüllte: «Was haben Sie unternommen?»

«Ich», verkündete er ominös, «habe die Tür zu meinem Büro abgeschlossen.»

Auf die Einfalt dieser Antwort konnte ich nun keine Energie verschwenden und stellte meine Frage einfach noch einmal, diesmal dem zweiten Bediensteten, der den Blick starr auf die Terrassen geheftet hielt, als könne er die Bären so irgendwie in ihre Gehege zurückzaubern. «Was haben Sie unternommen?»

Tiefes Schweigen. Dem Mann schien es angesichts der denkbaren Horrorszenarien die Sprache verschlagen zu haben.

Nun herrschte ich den dritten Mann an: «Was haben Sie unternommen?»

«Ich», sagte er, «habe die Sirene betätigt.» Welchen Nutzen seiner Ansicht nach das Betätigen der Sirene haben sollte, die bei anderen Gelegenheiten zur Räumung der Gärten diente, weiß ich nicht.

In der Erkenntnis, dass wertvolle Zeit vergeudet worden war, sperrte ich rasch unter Mithilfe der Wärter die Terrassen ab und begab mich dann in das Innere der Anlage, wo tiefes Dunkel herrschte. Im Schein einer einsamen Glühbirne sah ich ein Grüppchen von vier Pflegern, und von fern ließ sich Geschrei vernehmen: «Jonesy, wo ist Jonesy, Jonesy? Jonesy, bitte melden.» Die verzweifelte Stimme gehörte einem Revierpfleger, der zwar wusste, dass hier irgendwo zwei Bären umherstreiften, aber nicht genau, wo.

Innerhalb der Terrassenwände befinden sich natürlich Versorgungskorridore, die sich den gesamten Halbkreis von Laufgängen entlang erstrecken. Diese Versorgungskorridore sind notwendig für die Fütterung, Säuberung und allgemeine Hygiene.

Endlich traf ich auf den Revierpfleger – ein guter Mann, nun aber verständlicherweise verängstigt –, und wir heckten einen Schlachtplan aus. Ich entschied, geschlossen über eine schmale Hintertreppe zur zweiten Innenterrasse hochzusteigen, wo wir die Bären noch am ehesten aufspüren und einfangen könnten. Die schmale, wackelige Holzstiege war gerade breit genug für einen Einzelnen, also klommen wir einer nach dem anderen hinauf und erreichten so den Betonboden der inneren Terrasse. Aufgrund der gewundenen Struktur des Baus betrug die Sichtweite immer nur nur knapp zehn Meter, dann entzog der Rest der Terrasse sich um die Kurve herum dem Blick. Da wir unmöglich übersehen konnten, ob die Bären sich in der Nähe befanden, wies ich, so lachhaft dies anmutet, die Männer an, sich mit den Metalldeckeln einer Reihe von Mülltonnen zu bewaffnen, die für die Abfälle des Tages bereitstanden. Die Pfleger taten wie geheißen, und ich wies sie an, mir die Terrasse entlang zu folgen.

Ich war bereit, Narkosepfeile auf die Bären zu feuern, falls die Zeit dazu ausreichte, aber was geschehen mochte, bis wir sie fanden, wusste ich wirklich nicht. Als wir um die sanfte Krümmung der Terrasse bogen, erblickten wir zu unserem Entsetzen zwei mächtige amerikanische Schwarzbären, die sich uns zügig näherten. Man stelle sich vor, sechs oder sieben mit Mülltonnendeckeln bewaffnete Männer, die sich zwei rasenden Bären gegenübersehen. Dass wir keine Helden waren, merkten wir auf der Stelle! Wir machten kehrt und ergriffen die Flucht, und nie zuvor habe ich es derart klappern und scheppern hören wie bei diesem Versuch, mit unseren Mülltonnendeckeln bewehrt die schmale Treppe hinabzugelangen. Durcheinander gewürfelt und wild fluchend landeten wir in einem traurigen Häuflein unten am Boden. Um meine Würde wenigstens halbwegs zu bewahren, erhob ich mich, klopfte mir den Staub ab und sagte: «Nun, dann müssen wir es anders versuchen.»

Schließlich legten wir Fleisch und Köder in den äußeren Laufgängen der Bärengehege aus, und als sie hungrig wurden, kehrten die Ausreißer zurück, um an das Fleisch zu gelangen. Die Wärter verrammelten darauf die Innentore der Terrassen und verriegelten die Käfigtüren, nachdem die Bären sich wieder sicher im Gehege befanden.

ZU GUTER LETZT

Es war schon aufschlussreich, wie sich angesichts zweier heranrückender Bären jeglicher Heldenmut verflüchtigte und gesunder Menschenverstand die Oberhand gewann.

6 Sukie, die Sonnenanbeterin

SUKIE WAR EIN ENTZÜCKENDER südamerikanischer Klammeraffe mit langem schwarzem Fell, wunderschönen, großen, klaren Kulleraugen, einem Haarbüschel auf dem Kopf und einfach allerliebsten roten Lippen, die sich zu einem winzigen O verformten, wenn sie bei meinem Anblick ihren pfeifenden Ruf ertönen ließ. Von Sukie lernte ich mehr über die Beheizung von Tiergehegen als von jedem anderen.

Der Londoner Zoo wurde zu Beginn des 19. Jahrhunderts errichtet und setzte für damalige Zeiten vorbildliche Maßstäbe. Viele Zoos weltweit lernten aus den Fehlern in London und errichteten modernere, bessere zoologische Gärten, wobei gern unterschlagen wurde, wo die eigentlichen Anfänge gemacht wurden; man brüstete sich mit modernen neuen Bauten und neigte dazu, auf den Londoner Zoo herabzuschauen. Völlig in Vergessenheit geriet dabei die Pionierarbeit des berühmten Sir Stamford Raffles, der als Erster erkannte, wie notwendig die Erhaltung und Betreuung wilder Tierarten war, und der die Zoologische Gesellschaft von London zum wissenschaftlich weltweit führenden Institut für Zoologie machte. Bis heute zählt sie zu den besten Einrichtungen ihrer Art, verfügt über die vielleicht umfangreichste Spezialbibliothek der Welt und unterhält eine Vielzahl neuer Forschungseinrichtungen (zu viele, gemessen am Budget, wie mancher einwenden wird, aber trotzdem ist sie weltweit beispielhaft).

Aber – und es ist ein großes Aber – im Lauf der Jahre machten sich an den ursprünglichen Zoogebäuden, inzwischen weit über hundert Jahre alt, Mängel bemerkbar. Einer davon war die Beheizung. Anders als allgemein angenommen, wollen wilde Tiere keine ständige Hitze und schon gar keine Heizlüfterhitze wie in stickigen Büros. Sie möchten sich ihre Umgebung selbst aussuchen können, ganz wie in freier Wildbahn, wo sie sich mal in der Sonne, mal im Schatten aufhalten. Die im Zoo seit einhundert Jahren praktizierte traditionelle Heizkörper- und Elektrobeheizung war nur schwer abzuschaffen, aber etwas musste einfach geschehen, da die Tiere in der Heizlüfterhitze förmlich schmorten.

Im Winter herrschte in allen Tierhäusern meist eine stickige Hitze. Die Löwen- und Affenhäuser wurden um 16 Uhr geschlossen, wenn die Pfleger Arbeitsschluss hatten, und die Heizung blieb, bei mangelhafter Belüftung, voll aufgedreht. Nächtliche Temperaturen von bis zu 27 °C waren die Regel, was Krankheiten, Bakterienvermehrung und Lethargie bei den Tieren förderte. Morgens um acht wurden alle Tiere in die Außengehege gebracht, damit ihre Gehege gereinigt werden konnten. So wechselten sie von warmen 27 °C in wesentlich niedrigere Außentemperaturen. Kein Wunder, dass sich Erkrankungen häuften.

Ich war darüber sehr besorgt. Meine Überlegung war folgende: Gott hatte sie mit prächtigen Fellkleidern und der Fähigkeit ausgestattet, in freier Wildbahn enormen Temperaturschwankungen standzuhalten – tagsüber mochten sie 40 °C Hitze ausgesetzt sein, um dann nachts Temperaturen unter dem Gefrierpunkt zu trotzen –, warum also sollten wir bei ihnen auch über Nacht heizen? Folglich entschied ich, im Winter die Heizung in all den Tierhäusern herunterdrehen zu lassen, deren Bewohner sich mühelos an den Klimawechsel gewöhnen würden; dazu ließ ich über Nacht die Schiebetüren in die Außengehege offen, damit die Tiere sich nach Belieben ins Freie begeben oder drinnen bleiben konnten. Die Folge war, dass ihre Fellkleider dichter und sie selbst merklich aktiver wurden. Dieses Vorgehen trug mir von allen Seiten wüste Beschimpfungen ein, darunter auch von irregeleiteten «Tierfreunden» aus der Gutmenschenfraktion.

Aus Protest hielten die Tierpfleger einmal an Weihnachten eine Versammlung ab. Am ersten Weihnachtsfeiertag bleibt der Zoo traditionell geschlossen, nur morgens kommt das Pflegepersonal auf eine Stunde vorbei, um die Tiere zu füttern und für Sauberkeit zu sorgen. An diesem besagten Weihnachtstag lag hoher Schnee. Ein Pressefotograf machte überall im Zoo Aufnahmen von Tieren, die sich erstaunt nach Besuchern umzusehen schienen. Er und ich wurden beide Zeugen, wie Löwen und Tiger sich in ihren Außengehegen im Schnee tummelten und buchstäblich mit Schneebällen vergnügten. Ich stellte mich den brummigen Tierpflegern, erläuterte ihnen meine Beweggründe und zeigte ihnen die Presseaufnahmen der Löwen und Tiger. Dies genügte, um sie zu beruhigen.

Im alten Sanatorium, noch vor Errichtung der neuen Klinik, experimentierten wir mit direkter Infrarotbeheizung durch spezielle Niederspannungs-Infrarotlampen, die wir von der Firma *Philips Electrical* bezogen. In sämtlichen Käfigen hängten wir in eine Ecke je eine dieser Lampen, was den Tieren ermöglichte, je nach Wunsch die Wärme aufzusuchen oder zu meiden. Alle übrigen Heizkörper im Sanatorium wurden abgestellt. Der Erfolg ließ nicht lange auf sich warten. Wir hatten den Beweis erbracht, dass die Lösung in gebündelten Wärmequellen bestand, nicht in allgemeiner Beheizung durch Heizlüfter. Wir Menschen suchen an heißen Tagen ja auch zeitweilig Schatten.

Die übermäßige Beheizung des Affenhauses durch Heizröhren, elektrische Heizelemente und so fort förderte die Anfälligkeit und Verbreitung unerfreulicher Krankheiten wie Tuberku-

lose. Bei den meisten Tieren waren Durchfall und Koliken an der
Tagesordnung. Klein Sukie bildete da keine Ausnahme, und eines
Tages hockte sie, die langen Arme und Beine um sich geschlungen, kläglich und krank in der Ecke ihres überheizten Geheges,
fürwahr ein trauriger Anblick. Eilig brachte ich sie ins alte Sanatorium, wo sie in einem der per Infrarotlampe beheizten Käfige

untergebracht wurde. Sie fand sofort Gefallen an dieser gebündelten Wärmequelle und aalte sich genüsslich unter der Lampe, wonach eine rasche, spontane Genesung erfolgte. Natürlich wurde sie, nachdem sie wieder gesund war, zur Ansicht in ihren normalen Käfig im Affenhaus zurückgebracht.

Ein paar Tage darauf fand man sie zusammengerollt und kläglich wimmernd in einer Ecke des Affenhauses, also kam sie wieder ins Sanatorium. Dieser Vorgang wiederholte sich mehrfach, bis ich, da alle Tests negativ ausfielen, zu der Einsicht kam, dass Sukie die Infrarotlampe liebte und Krankheit vortäuschte, um wieder in ihren Genuss zu kommen.

In der Folgezeit ließ ich im Affenhaus Infrarotlampen als gebündelte Wärmequellen installieren und die in die Außengehege führenden Schiebetüren durch Gummiklappen ersetzen. So konnten die Affen nach Belieben hinaus oder herein, bei Tag wie auch bei Nacht. Die Elektroheizung wurde komplett abgestellt, und das Wohlbefinden der Affen, die sich nach Lust und Laune in die «Sonne» setzen konnten, steigerte sich binnen kurzer Zeit ganz erheblich. Ihre Krankenrate sank dramatisch, ihre Fellkleider und Schwänze entwickelten sich prächtig, wie auch ihre Aktivität.

Die Tierpfleger waren nicht besonders glücklich über diesen Eingriff des neuen Tierarztes in das traditionelle System, das schon seit hundert Jahren oder länger in Kraft war. Sie erhoben

Protest, angeblich aus Sorge um das Wohlergehen der Tiere und gegen meine vermeintliche Herzlosigkeit den Tieren gegenüber, denen ich die Heizung vorenthielt. Am Ende fand ich nach langen Diskussionen heraus, dass es die Pfleger waren, die nun froren, nicht die Tiere!

ZU GUTER LETZT
Gebündelte Wärmequellen zur Beheizung, wie sie heute in Zoos üblich sind, waren eine weitere Errungenschaft des Londoner Zoos. In anderen Zoos wurde mit Fußbodenheizung experimentiert, aber in den meisten Zoos werden heute bei Bedarf zur Beheizung Infrarotlampen verwendet.

Goldie,
der Adler

DER PRÄCHTIGE STEIN- ODER GOLDADLER ist auf den Britischen Inseln infolge des weit verbreiteten Gelegeraubs sehr selten, und die wenigen noch vorhandenen Paare leben im abgelegenen schottischen Hochland. Selbstverständlich stehen sie unter strengstem Schutz.

Nur ganz wenige Zoos haben einen schottischen Goldadler in ihrem Bestand. Das ist auch ganz gut so, denn wie viele andere Vögel mit enormer Flügelspannweite, egal welcher Größe, steigen sie zur Nahrungssuche und Jagd in schwindelnde Höhen auf. Dies, zusammen mit ihrem phänomenalen Sehvermögen, befähigt sie, ganz jäh auf ihre ahnungslose Beute hinabzustoßen. In freier Natur reißen sie Lämmer, große Karnickel, Hasen und auch andere Vögel. Gewiss würden sie auch Hunde reißen, wenn diese in ihren Breiten vorkämen. Mir erscheint es einleuchtend, dass Vögeln mit einer Flügelspannweite von zwei bis zweieinhalb Metern, die hoch oben am Himmel mit kräftigen Flügelschlägen weite Strecken zurücklegen, auch der dafür nötige Platz zusteht und sie deshalb am besten gar nicht in Zoos gehalten werden soll-

ten. Ein gleich gesinnter, mir bekannter Zoobetreiber ließ seine
Volieren horizontal anlegen statt hoch und schmal, sodass es den
Vögeln möglich war, recht weite Strecken zu fliegen, herabzusto-
ßen, Bögen zu machen und bescheidene Luftakrobatik zu voll-
führen.

Goldies Voliere war ein hoher Kuppelbau, errichtet in viktorianischen Zeiten, als über die Haltung solcher Vögel in Gefangenschaft noch nicht so hitzige Debatten tobten. In dieser Zeit
Anfang des 19. Jahrhunderts, als der Zoo eröffnet wurde, ver-
kaufte man den Besuchern sogar spitze, mit einem Gebäckstück
versehene Stecken, mit denen sie die Bären im Bärenzwinger pie-
sacken konnten. Gott sei Dank gehören diese Zeiten der Vergangenheit an. Gut und Schlecht findet sich in allen Bereichen des
Lebens, und gewiss gibt es auch gute und schlechte Zoos. Die
heutige Gesetzgebung legt den schlimmsten Übeltätern das
Handwerk, aber es bleibt noch viel zu tun.

Goldie war, soweit ich weiß, aus einer Fuchsfalle gerettet
worden, die mit einem toten Kaninchen als Köder bestückt war.
Anscheinend stieß Goldie auf das Kaninchen herab und klemmte
dann in der Falle fest. Er wurde von einem Wilderer entdeckt, der
klugerweise seinen Mantel über ihn warf, ihn sich auf die Arme
lud und, nachdem er sein Bein befreit hatte, zur örtlichen Polizei
brachte. Von dort aus wurde der Londoner Zoo verständigt, und
Goldie wurde der medizinischen Obhut der Zooklinik überge-

ben, wo man sein verletztes Bein so weit wiederherstellte, dass er ausgestellt werden konnte. Für ihn wäre ein Überleben in freier Wildbahn schwierig gewesen, da die Greifkraft in seinem verletzten Bein nicht mehr ausreichte, um Beute zu fassen und festzuhalten, und er folglich sein Revier verloren hätte. Goldie fand eine neue Heimat in der großen Voliere, wo er auf einem Baumstumpf landen konnte, um in Ruhe sein Fleisch zu verzehren. Er wurde allseits sehr bewundert.

Eines Tages entwischte Goldie während der routinemäßigen Säuberung des Käfigs. Er war inzwischen sehr zahm geworden und genoss es, sich auf dem Baumstumpf stehend mit Wasser abspritzen zu lassen. Urplötzlich und ohne erkennbaren Grund flatterte er, als der Wärter ihm den Rücken zukehrte, zur offenen Tür hinaus und davon.

Goldie zog weite Kreise über dem Regent's Park, und das Zootelefon stand nicht still, da laufend Anrufe eingingen, die jüngste Sichtungen von ihm meldeten. Er ließ sich auf den höchsten Baumwipfeln im Umkreis von einer Meile um den Zoo nieder und jagte seinen anderen, dort ansässigen geflügelten Freunden einen Heidenschrecken ein – im Vergleich zu ihnen war er natürlich riesengroß. Da er es nicht mehr gewohnt war, lange Strecken zu fliegen oder in große Höhen aufzusteigen, hatte in den Jahren der Gefangenschaft die Kraft seiner Flügel abgenommen, weshalb er nur kurze Strecken von Baum zu Baum flog.

Bei Einbruch der Dunkelheit sahen wir ein, dass er nun bald einen Schlafplatz aufsuchen würde und es sinnlos war, weitere Bergungsversuche zu unternehmen. Goldie erwählte sich einen Baum als Schlafplatz, der etwa eine Viertelmeile vom Käfig entfernt war. Nach ausführlichen Beratungen beschloss der Kurator für Vögel, die Hilfe der Feuerwehr in Anspruch zu nehmen, da Goldie, der sich für die Nacht auf einem Ast niedergelassen hatte, vermutlich schläfrig sein und möglicherweise nicht wegfliegen würde. Jedermann dachte nur noch an Gefangennahme – bis auf Goldie!

Die Feuerwehr traf mit ihren Scheinwerfern und langen Leitern unter den Bäumen ein und baute die Leitern so leise wie möglich auf, um in Goldies Nähe zu gelangen. Als unerschrockene Feuerwehrleute stiegen sie, mit Netzen bewaffnet, hinauf, während Scheinwerfer die Szene erleuchteten. Für die Presse war das natürlich ein gefundenes Fressen. Jedes Mal wenn ein Feuerwehrmann bis auf einen halben Meter an den Vogel herangekommen war, hüpfte Goldie geradezu aufreizend einen halben Meter weiter außer Reichweite. Darauf wurde die Leiter ein Stückchen gedreht, und der Halbmeter-Hüpfer wiederholte sich. Nach einer Weile befand man, dass die Feuerwehr genug Zeit geopfert hatte und man mit dem Einfangen bis zum nächsten Tag warten müsste.

Am nächsten Tag wurde Goldie scharf beobachtet, aber er

rührte sich nicht groß von seinem Sitzplatz. Der Baum, für den er sich entschieden hatte, gefiel ihm offenbar.

Den Tag über stieß er noch zweimal zum Boden hinab, in dem Versuch, Hunde zu erbeuten, die von ahnungslosen Passanten spazieren geführt wurden – zum, gelinde gesagt, großen Befremden der Besitzer. Zum Glück der Hunde konnte Goldie

wegen seines verletzten Beins aber nicht greifen, und im Sturz-
flug war er so ungeschickt, dass die beiden Hunde ihm entkommen konnten.

Zwei Tage und Nächte vergingen, und inzwischen musste
Goldie Hunger haben. Eine simple Falle wurde gestellt: Zwei
Wärter setzten sich beidseitig neben ein Netz, auf dem als Köder
saftiges rotes Fleisch glänzte. Stundenlang fixierte Goldie von
oben das Fleisch, versuchte seinen Hunger zu bezähmen und
weigerte sich stur, den Baum zu verlassen. Dann, ganz unvermittelt und ohne Vorwarnung, stieß er auf das Fleisch hinunter,
und die Wärter warfen das Fangnetz über ihn und bargen ihn
darauf sicher in einer Decke.

Goldie wurde zu seiner Voliere zurückgebracht, wo seine
Pfleger ihn unter viel Aufhebens und voll liebender Fürsorge
wieder in Empfang nahmen. An jenem Abend bekam er sogar ein
besonderes Festmahl, das er wahrscheinlich nie vergessen wird:
ein ganzes Kaninchen. In seinem Käfig fühlte er sich wohler als
bei seinem missglückten Ausflug, fraglos deshalb, weil er sich
den Menschen mehr verbunden fühlte als anderen Vögeln.

ZU GUTER LETZT

Goldie fand schließlich ein neues Zuhause in einer speziellen Voliere, die horizontal angelegt war und ihm so reichlich Raum zum Fliegen bot.

8 Keine Bange vor der Schlange

VIELE MENSCHEN HABEN EINE PHOBIE vor Schlangen und Insekten. Während meiner Tätigkeit im Londoner Zoo fand ich heraus, dass Schlangen sehr reinliche Tiere und selbst die giftigen Arten normalerweise fügsam sind, natürlich vorausgesetzt, sie werden gut gefüttert und umsorgt. Für kaltes Wetter haben sie nichts übrig, und Wärme fördert ihre Aktivität. Wenn sie Hunger haben, können sie auch schon mal etwas weniger fügsam sein.

Schlangengehege in geschlossenen Gebäuden sind meist ziemlich langweilig. Der Zoo richtete also ein Schlangengehege im Freien ein, von ovaler Form, ungefähr sechs Meter lang und viereinhalb Meter breit. In der Mitte erhob sich ein von Pflanzen begrünter Hügel. Die Schutzmauer reichte oberirdisch knapp einen Meter hoch und war mit einem nach innen gekragten Sims versehen, damit die Schlangen nicht hinauskonnten. Außerdem reichte sie einen weiteren Meter tief unter die Erde, um so als Deich zu fungieren. Dadurch entstand um die Insel herum ein ungefähr zwanzig Zentimeter tiefer Wassergraben von etwa dreißig Zentimeter Breite, in dem unterschiedlichste Wasserpflanzen gediehen.

Auf der Insel und auch im Wasser lebte eine Auswahl wasserliebender, ungiftiger Schlangen, und die Besucher hatten so Gelegenheit, aus sicherer Entfernung sechzig bis siebzig verschiedene Arten zu beobachten. Das Gehege war ein großer Publikumsmagnet, und die Besucher waren immer überrascht, im Wasser bunte Schlangen umherschwimmen zu sehen; den wenigsten Menschen ist bekannt, dass Schlangen sehr gut schwimmen können. Auch waren Schlangen beim Sonnenbad auf den Felsen zu beobachten, mit denen der Hügel bestückt war.

Das Gehege bereitete uns kaum Probleme, außer in den Schulferien, wenn Scharen aufgeregter Kinder sich ringsherum drängten und die Schlangen betrachteten, voll Freude oder Grausen, je nachdem. Gelegentlich kletterten leichtsinnige Kinder auch auf die Mauer. Die meisten kleinen Jungen – wie gut ich mich selbst noch dessen entsinne! – empfinden eine Art Jagdinstinkt, was sich in dem Drang niederschlägt, Schmetterlinge zu fangen und aufzuspießen oder mit Marmeladenglas, Rute, Bindfaden und gebogenem Haken bewaffnet zum Angeln kleiner Fische auszuziehen.

Einmal jedoch nahm ein Knirps sich vor, seine Kameraden weit in den Schatten zu stellen. Sie alle sammelten Murmeln, Fischchen, Schmetterlinge oder Insekten, und so beschloss dieser

Junge, sich nichts Geringeres als eine Schlange als Haustier zuzulegen, die er sich im Londoner Zoo zu beschaffen gedachte.

Offenbar hatte er das Gelände ausgekundschaftet und wusste, dass nachts im Zoo Nachtwächter patrouillierten, die auf ihrem Rundgang an verschiedenen Stellen Stempeluhren betätigten, als Vermerk ihres Aufenthaltsorts, sollte es zu Zwischenfällen oder dem Eindringen Unbefugter kommen. In die Gärten konnte man sich mühelos Zutritt verschaffen, entweder über die Drehkreuze am Eingang oder direkt vom Regent's Park aus über einen der Zäune.

Der Schuljunge, ungefähr zwölf Jahre alt, plante seinen Feldzug mit äußerster Sorgfalt. Auf Schulausflügen hatte er den Zoo schon öfters besucht und sich dabei für seinen geplanten Streich die Anlaufstellen des Nachtwächters notiert. Später fanden wir heraus, dass er sich mit einem Kescher bewaffnet hatte. In den frühen Morgenstunden radelte er zum Zoo und kletterte über die Drehkreuze am Haupttor. Von dort aus war es nur ein kurzer Weg zur Freiluft-Schlangenkolonie. Im Schatten verborgen wartete er ab, bis der Nachtwächter an der nächstgelegenen Stelle abstempelte und seinen Weg fortsetzte. Dann musste er nur noch zum Schlangenhügel mit dem zugehörigen Wassergraben flitzen und mit seinem Kescher eine Schlange herausschöpfen. Sein Plan klappte vorzüglich.

Man stelle sich einen Burschen von zwölf Jahren vor, der mit einer überraschten, feuchten Schlange in einem Kescher heimradelt! Die Schlange hatte Glück, der Junge wohnte nur eine halbe Meile vom Zoo entfernt. Es gelang ihm, zu Hause anzukommen, sein Rad abzustellen, sich wieder ins Haus und hinauf in sein Zimmer zu stehlen, ohne seine Eltern zu wecken. Dann aber stand er einigermaßen ratlos vor der Frage, was er mit der Schlange anstellen sollte. Sollte er sie im Kescher auf dem Boden liegen lassen? Sie in einer Schublade verstecken, unter seinen Kleidern? Wäre sein Schultornister ein geeigneter Aufbewahrungsort? Oder sollte er sie mit ins Bett nehmen? All diese Möglichkeiten verwarf er jedoch, als in seinem Kopf ein genialer Plan Gestalt annahm. Nach Ausführung des Plans und sicherer Unterbringung der Schlange legte er sich wieder ins Bett und schlief ein.

Am nächsten Morgen wurde unser schlummernder Dieb von den spitzen Schreien seiner entsetzten Mutter geweckt. Sie veranstaltete einen solchen Lärm, dass die ganze Familie angelaufen kam, der Vater eingeschlossen.

«Was ist denn, um Himmels willen?», fragte er und versuchte, seine Gattin zu beruhigen.

«Schau doch nur», sagte sie. «Schau, schau, schau! Schau in die Toilette!»

Der Vater ging hinüber zur Toilette, und tatsächlich, dort in der Klosettschüssel schwamm fröhlich eine zusammengerollte

Schlange. Daraufhin brach die Hölle los, lautes Geschrei erhob sich und alles rannte in wilder Panik durcheinander. Der Vater marschierte ins Zimmer seines Sohnes und fand den Jungen, der sich schlafend stellte, bis oben hin zugedeckt im Bett.

Er weckte ihn umstandslos und fragte: «Was weißt du über die Schlange in der Toilettenschüssel?»

«Also, Dad …»

Seinem Vater platzte der Kragen. «Hoffentlich hast du was Gutes auf Lager. Deine Mutter ist halb wahnsinnig vor Angst, deine Geschwister sind zu Tode erschrocken, und ich bin nicht unbedingt erfreut, also lass dir eine gute Erklärung einfallen.»

«Dad, alle meine Schulfreunde sammeln alle möglichen Tiere und geben ständig damit an und hänseln mich, weil ich kein Haustier habe. Ich hab kein Kaninchen, kein Meerschweinchen und keinen Hamster. Auch keine Fische oder Insekten. Ich hab überhaupt kein Haustier.»

«Nein!», donnerte der Vater. «Weil dafür in diesem Haus kein Platz ist.»

Der Junge beichtete seinem Vater, wie er den nächtlichen Diebstahl der Schlange aus dem Zoo von langer Hand geplant hatte.

Der Vater schwankte, ob er in schallendes Gelächter ausbrechen oder böse werden sollte. Wie er diese Situation am besten handhaben sollte, war ihm allerdings ein Rätsel.

«Ich gebe dir fünf Minuten, dann ist das Vieh aus dem Klo raus und sicher irgendwo verstaut, und dann rufst du im Zoo an und erzählst, was du angestellt hast.»

Der Junge schöpfte in Windeseile die Schlange aus der Toilettenschüssel und brachte sie wieder in dem Kescher unter, den er verkehrt herum über sie stülpte, um sie am Entkommen zu hindern. Die Schlange wurde dann in den Zoo zurückgebracht, wo man sehr dankbar war, da man ihr Fehlen noch gar nicht bemerkt hatte!

ZU GUTER LETZT

Wir alle fassten Zuneigung zu diesem Jungen und seiner Unverfrorenheit. Wegen seines Geschicks im Umgang mit Schlangen boten wir ihm an, samstags im Reptilienhaus auszuhelfen.

Er machte seine Sache glänzend. Ich erkannte in dem Jungen eine große Verbundenheit mit den Tieren, eine wichtige Grundvoraussetzung für jeden Tierarzt. Sein sehnlichster Wunsch war es, Tierpfleger zu werden, aber seine Eltern konnten ihn dazu überreden, doch lieber zu studieren. Sehr schade, er war nämlich ein Naturtalent.

Nie ein Zebra streifen

WIE DAS PFERD SICH AUF DER GANZEN WELT hat ausbreiten können, ist bis heute ein wenig rätselhaft. In der Mongolei gibt es Wildpferde, die als Stammeltern der heutigen Pferderassen gelten; sie breiteten sich nach Afrika aus und von Afrika bis nach Amerika, wahrscheinlich vor der Trennung der Landmassen durch die Weltmeere. Zu den afrikanischen Pferden zählt auch das Zebra, ein überaus schönes Geschöpf, das von Komikern gern als Pferd im Pyjama bezeichnet wird! Es gibt mehrere Zebra-Unterarten, die anhand ihrer Streifung unterschieden werden können.

Der Londoner Zoo besaß einen Zebrahengst und zwei Zebrastuten, die aus Gründen der Bewegungsfreiheit in vier geräumigen Innengehegen gehalten wurden. Dies war auch praktisch, um sie gegebenenfalls zu trennen oder aus dem Weg zu schaffen, wenn die Gehege gereinigt werden mussten. Die Schiebetüren dieser Gehege wurden vom sicheren Korridor aus bedient. Zwei miteinander verbundene Außenkoppeln standen den Zebras zusätzlich zur Verfügung. Die eine war vom letzten Gehege aus zu erreichen, und ein hoher Maschendrahtzaun mit Gittertor trennte die zweite Anlage von der ersten. Auf diese Weise konnte der Hengst von den Stuten getrennt und ihnen dadurch Bewegung im Freien ermöglicht werden, ohne dass sie von dem Hengst belästigt wurden.

Zebras sind sehr zähe Tiere. Nur ganz selten lassen sie sich vom Menschen zähmen und nutzbar machen, denn auch innerhalb ihrer wilden Herden wahren sie völlige Unabhängigkeit. Sie haben eisenharte Hufe, und selbst in Gefangenschaft werden sie nie beschlagen, weil die Hufe fast unmöglich zu beschneiden sind. Werden sie in Gefangenschaft zu lang, lassen sie sich nur auf eine Art kürzen: Man muss das Tier betäuben und eine Black & Decker-Elektrosäge benutzen! Bei derart harten Hufen reichen die üblichen Werkzeuge eines Hufschmieds nicht aus. Was das Naturell der Zebras betrifft, nun ja, man muss sie leider als verteufelt bösartig bezeichnen, besonders die Hengste, die ihre Stuten aggressiv beschützen und sich den Menschen gegenüber von Natur aus misstrauisch und ablehnend verhalten. Auch vom athletischen Gesichtspunkt scheinen sie recht begabt. Meines Erachtens ist das Zebra das einzige Tier, das mit allen vier Hufen gleichzeitig vom Boden abspringen und einem vor der Landung mit jedem davon einen Tritt versetzen kann, um dann zu guter Letzt noch einen Biss zu platzieren.

Bei einer der beiden Stuten entwickelte sich ein riesiger Schulter-abszess, und die einzige Lösung war ein Eingriff unter Narkose. Die Operation musste im Gehege durchgeführt werden, da uns damals noch keine Klinik zur Verfügung stand.

Das Gehege wurde entsprechend vorbereitet, und die anderen Zebras – Stute und Hengst – wurden auf die Koppel gebracht, um Störungen auszuschließen. Mit Hilfe einer fliegenden Spritze betäubten wir die Stute; dann wurde sie an einen Narkosetropf gehängt, um sie bewusstlos zu halten, und die Operation konnte beginnen. Insgesamt dauerte es ungefähr drei Stunden, den Ab-szess aufzuschneiden und mit Drainagekanülen zu versehen. Da-nach ließen wir sie friedlich ihre Narkose ausschlafen, während die anderen beiden Zebras in der Außenanlage blieben.

Gegen zehn Uhr abends überzeugte ich mich davon, dass die Patientin wieder aufrecht stand, wohlauf schien sowie gefressen und getrunken hatte. Darauf ließ ich die andere Stute ins Innen-gehege, damit sie ihrer Freundin Gesellschaft leisten konnte. Dann wurden alle Schiebetüren geschlossen und verriegelt, und ich kehrte in meine Wohnung zurück, um mich bettfertig zu ma-chen.

Um Mitternacht läutete das interne Telefon, und ich nahm ei-nen Anruf aus dem Tierpflegerhaus entgegen, in dem die unver-heirateten Pfleger untergebracht waren, damit auch über Nacht Personal auf dem Zoogelände war. Ein aufgeregter junger Tierpfleger meldete mir, dass von der Zebrakoppel schreckliches Geschrei zu vernehmen sei. Ich wies den Mann an, in der Nähe des Telefons zu bleiben, falls ich ihn brauchte, hastete aus meiner Wohnung und fuhr quer durch den Zoo zum Zebrahaus.

Als ich aus dem Auto stieg, gab der Hengst wahrhaft schauerliche Laute von sich. Darüber gerieten beide Stuten in Aufruhr, vor allem die frisch operierte, und so entschied ich, dass der Hengst irgendwie in das letzte Gehege gebracht werden müsse, um sich zu beruhigen und die Stuten nicht länger in ihrer Nachtruhe zu stören.

Ich legte mir folgenden Plan zurecht: Wenn ich auf die erste Koppel ginge, von welcher der Hengst auf der zweiten Koppel durch eine Schiebetür getrennt war, könnte ich leise das Vorhängeschloss öffnen, die Verschlusskette des Tors entfernen und mich rechtzeitig in Sicherheit bringen, bevor der Hengst merkte, dass er freie Bahn ins erste Freigehege hatte. Ein scheinbar ganz einfacher Plan – aber als ich an das Tor kam, galoppierte der tobende Hengst unter Zeter und Mordio auf und ab, schlug fortwährend aus und ging auf alles los, was sich in seiner Nähe befand. Gegen mich fasste er eine besondere Abneigung und fing an, das Tor zu attackieren.

Meine einzige Möglichkeit, entschied ich, bestand darin, im Halbdunkel leise die Kette von dem Tor zu lösen, während der Hengst auf der anderen Seite der Koppel herumtobte. Gesagt, getan, und als der Hengst erneut gegen das Tor anstürmte, versetzte ich ihm kurzerhand mit dem freien Ende der Kette einen tüchtigen Hieb auf die Nüstern. Darauf blieb er nicht nur wie angewurzelt stehen, sondern wich sogar für ein paar lebenswichtige Sekunden vor mir zurück.

Ich riss das Tor auf und rannte in Windeseile auf das Innengehege und den Korridor zu, wo ich in Sicherheit wäre. Im Laufen vernahm ich hinter mir wütendes Wiehern, und mir wurde klar, dass meine Rettung ins Gebäude auf Messers Schneide stand. Ich

jagte über die Koppel und durch das Innengehege und stürzte gerade noch rechtzeitig in den Korridor, wo ich hastig die Schiebetür zukrachen ließ. Kaum war sie zu, prallte das heranpreschende Zebra mit einem furchtbaren Knall von innen dagegen. Ich hatte seinen Atem im wahrsten Sinne des Wortes im Genick gespürt.

Es dauerte ein paar Minuten, bis ich mich wieder im Griff hatte. Dann sah ich nochmals bei der operierten Stute nach dem Rechten, vergewisserte mich, dass nun endlich Ruhe herrschte, schloss ab und kehrte zurück in meine Wohnung und mein Bett.

Am nächsten Morgen um acht Uhr stattete ich der operierten Stute einen weiteren Besuch ab; ein Häuflein Tierpfleger empfing mich, angeführt vom Revierpfleger. Sie hatten den Hengst im Innengehege vorgefunden, obwohl sie ihn doch am Vorabend auf der Koppel gelassen hatten. «Wie?», fragte der Revierpfleger. «Wie haben Sie ihn da reingekriegt, Sir?»

Ich schilderte es ihnen. Der Revierpfleger schüttelte den Kopf und sagte: «Das hätten Sie nie tun dürfen, Sir. Er ist gefährlich.»

Ich dachte bei mir: *Das sagt er mir jetzt!*

«Hier, Sir, sehen Sie selbst.» Er holte ein Zigarettenpapier aus seiner Jackentasche und hob es, verdeckt, bis an die eisernen Gitterstäbe im oberen Teil der Holztür zum Gehege. Der Zebrahengst kehrte uns das Hinterteil zu. Als das weiße Papier über dem hölzernen Teil der Tür auftauchte, gab es einen Knall, wie einen Pistolenschuss. Ich hatte gar nicht mitbekommen, dass der Hengst sich gerührt hatte. Der Tierpfleger zeigte mir die beiden Hälften des Zigarettenpapiers. Er hatte es nur ein Stückchen zwischen die Gitter gehalten, und der Hengst hatte so kräftig und zielgenau ausgekeilt, dass das Papier säuberlich halbiert wurde. Ich staunte nicht schlecht!

«Ich hab Ihnen doch gesagt, Sie hätten ihn nicht reinlassen dürfen, Sir», wiederholte der Revierpfleger.

Diese Erfahrung lehrte mich eine Menge über Zebras; sie lehrte mich auch, dass man nie ein wutschnaubendes Zebra streifen sollte!

ZU GUTER LETZT

Die Stute wurde wieder völlig gesund und brachte später ein Fohlen zur Welt, dessen Vater der jähzornige Hengst war. Man taufte es auf den Namen Oliver!

10

Als Sabres Herz zu schlagen aufhörte

SABRE, DER PUMA, war ein atemberaubend schönes Tier, vom samtweichen Kopf bis zu den wohlgeformten Pfoten. Er bewegte sich geschmeidig und rhythmisch, hatte imposante Schnurrhaare, und edle Wildheit kam in seinem ganzen Gebaren zum Ausdruck. Das hervorstechendste seiner körperlichen Attribute aber war sein arrogant-berechnender Blick. Kühl und gelb, beschattet von seidig langen Wimpern, musterten einen seine orientalischen Augen abschätzig von Kopf bis Fuß, was nicht wenig verunsichernd war. Eine coolere Katze als Sabre ist schwer vorstellbar.

Seine Herkunft war unkonventionell: Er war von der Royal Canadian Air Force zu uns gelangt. Dort hatte er als Maskottchen einer Staffel namens *Cougar Squadron* gedient – in Nordamerika wird der Puma *cougar* genannt –, bis seine Besitzer ihn bei ihrer Rückkehr nach Kanada Anfang der fünfziger Jahre der Obhut des Zoos anvertrauten.

Sabre war schon über dreizehn Jahre alt, aber aktiv und unermüdlich wie ein Jungtier, allerdings ohne jede jugendliche Verspieltheit. Sein Gewicht betrug 260 Pfund, und er gehörte zu den Tieren im Zoo, die am seltensten krank waren. Er strotzte nur so vor Gesundheit und Vitalität.

Dann geschah etwas Unerwartetes, das die ruhige Selbstgewissheit dieses Raubtieraristokraten erschütterte. Sein Pfleger berichtete, er lasse Anzeichen von Stress erkennen und habe anscheinend eine Wunde an der Flanke. Wir kamen nach kurzer Begutachtung zu dem Schluss, dass sich bei Sabre ein tief sitzendes Geschwür gebildet hatte, das sich durch sein ständiges Lecken weiter verschlimmerte.

Bei einem Menschen wäre die Behandlung und Heilung eines solchen Befunds kein Problem. Bei einem Tier liegen die Dinge wesentlich komplizierter. Einem Puma kann man keinen Verband anlegen oder Heilsalbe auf die schmerzende Wunde schmieren. Im Grunde kann man kaum etwas tun, ohne sich selbst zu gefährden. Ein erkranktes Raubtier ist ein äußerst unduldsamer Patient, und wer ihm zu nahe kommt, begibt sich in Gefahr. Trotz der Geringfügigkeit des Problems blieb uns also keine Wahl, als unter Einsatz von Narkose und Sicherheitsfesseln zu operieren, ganz wie bei einem schwierigen, hoch komplizierten Eingriff.

Zu den frustrierendsten und am wenigsten gewürdigten Notwendigkeiten beim Operieren wilder Tiere gehört der Aufwand an Zeit und Mühe, der erforderlich ist, um das Tier überhaupt auf den Operationstisch zu bekommen. Der Patient kann einem ja keine Auskunft über sein Befinden geben, und da man ihm als Arzt nicht die verschiedenen Schritte erläutern kann, die man zur Linderung seiner Leiden zu unternehmen beabsichtigt, muss man ein Programm durchführen, das aus einer ganzen Folge separater Manöver besteht, von denen jedes lebenswichtig ist. Dies erfordert einen Aufwand an Mitteln und Zeit, der oft in keinem Verhältnis zum vorliegenden Problem zu stehen scheint.

Zu jener Zeit war unsere Tierklinik, die das alte *sanny* ersetzte, bereits in Betrieb. Sie wurde nach Entwürfen des Architekten der Zoologischen Gesellschaft errichtet und konnte sich mühelos mit modernen Einrichtungen zur medizinischen Betreuung von Menschen messen. Ungefähr 98 Prozent der Zoobewohner – Säugetiere, Vögel und Reptilien – konnten hier versorgt werden, und die technische Ausstattung ermöglichte komplizierteste Operationen und fortschrittlichste Behandlungsmethoden.

Einundzwanzig geräumige Unterkünfte zogen sich die Korridore im Erdgeschoss entlang, wo sich außerdem ein Gehege befand, das dem Auslauf und der Bewegung diente.

Giraffen, Elefanten und Flusspferde gehörten natürlich zu den wenigen Patienten, die ihre Krankheiten im eigenen Gehege durchzustehen hatten, aber selbst für diese Tiere war die Klinik nicht ohne Bedeutung, da die dort gesammelte Erfahrung auch bei ihrer Behandlung sehr zu Buche schlug.

Als wir erstmals anfingen, von einem Ersatz für das *sanny* zu träumen, gab es für die Überführung der Tiere aus ihren Käfigen keine angemessenen Transportmittel. Diesen logistischen Missstand behob ich, sodass sie fortan in einem speziell auf ihre Bequemlichkeit und Sicherheit ausgerichteten Krankenwagen mit Elektromotor in die Klinik gebracht werden konnten. Dies war nur eine von vielen Verbesserungen.

Ein krankes Tier verliert mitunter viel schneller den Lebenswillen als ein Mensch, der die beruhigenden Worte des Arztes verstehen kann. Um dem vorzubeugen, setzten wir auf abwechslungsreiche Kost, frische Luft und, *last, but not least*, häufige Besuche, um das Tier zu beruhigen und so seine Genesung zu fördern. Der Anblick eines vertrauten Menschen – gewöhnlich seines Pflegers – wirkt sich auf den Seelenzustand eines Tieres nicht selten heilsamer aus als die beste Medizin. Stolzeste Errungenschaft der Klinik jedoch war ihr hochmoderner, umfassend ausgestatteter Operationssaal.

Um unseren Puma ohne Zwischenfälle und Verletzungen in die Klinik zu bekommen, mussten wir ihn zunächst betäuben und in eine Kiste schaffen. Am Vorabend der Operation verabreichten wir ihm Beruhigungsmittel, um eine mögliche Schockreaktion auf die fremde Umgebung zu verhüten. Wir wollten nicht, dass er an Selbstvertrauen und damit natürlicher Widerstandskraft einbüßte. Am Morgen des Eingriffs waren dann erneut Beruhigungsmittel erforderlich, um ihn auf den OP-Tisch zu schaffen. Dazu musste er in eine eigens zu diesem Zweck konstruierte Kiste überführt werden; durch die Gitterstäbe der Seitenwände hindurch konnten wir dann einen seiner Hinterläufe festhalten und ihm ein leichtes Narkosemittel spritzen. Unser jetzt sehr schläfriger Patient wurde aus der Kiste geholt, auf die Trage gehoben, zum Tisch gebracht und dort fixiert. Damit war die kritische Phase des präoperativen Programms überstanden.

Vor Beginn der eigentlichen Operation waren jedoch noch weitere Maßnahmen notwendig.

In die Luftröhre des Pumas wurde ein an ein Narkosegerät angeschlossener Schlauch eingeführt, um die Narkose aufrechtzuerhalten. Als Nächstes legten wir dem Puma einen Tropf ans Bein, um uns dann der Eingriffstelle zuzuwenden, die geklammert, rasiert und gewissenhaft desinfiziert werden musste. Danach legten wir sterile Operationskittel und Mundschutz an und deckten den Patienten mit sterilen Operationstüchern ab.

All dies geschah in Windeseile, denn die Zeit arbeitete gegen uns. Das Tier musste narkotisiert bleiben, damit das Team vor Angriffen seines Patienten sicher war, doch die Narkose durfte nicht zu tief sein, damit die spätere Genesung des Pumas nicht beeinträchtigt würde; aus dem Grund musste die Gaszusammensetzung laufend angepasst werden.

Bei näherer Untersuchung stellten wir fest, dass es sich bei dem Geschwür um ein wahres Ungetüm handelte. Es war an die acht Zentimeter breit und eiterte reichlich, doch unserer Einschätzung nach stellte seine Entfernung kein großes Problem dar. Sabre schien frei von Beschwerden, und die Operation war reine Routine. Plötzlich trat jedoch etwas gänzlich Unerwartetes ein: ein Herzstillstand. Das Herz des Pumas hatte infolge von Hypoxie, Sauerstoffmangel, zu schlagen aufgehört.

Obwohl Gasanästhesie unter sorgfältiger Überwachung durch ein Narkosegerät erfolgt – dasselbe Modell wie in Krankenhäusern des Nationalen Gesundheitsdienstes –, erleiden manche Patienten unter Narkose einen jähen Herzstillstand, fraglos infolge des operativen Schocks, der aus dem Konflikt der Narkosegase mit dem Adrenalinsystem des Patienten resultiert. Manchmal können die Gase ein Versagen der Nebennieren auslösen, die das für die Herzfunktion unerlässliche Adrenalin produzieren. Ein Herzstillstand kann die Folge sein.

Unverzüglich injizierte ich dem Tier eine Dosis Adrenalin ins Herz und begann dann mit einer Massage – einer energischen Druckmassage des Brustkorbs –, um das reglose Herz zu stimulieren. Eine halbe Minute später nahm es seine natürliche Tätigkeit wieder auf, und wir konnten weiteroperieren; der Zustand des Patienten hatte sich stabilisiert.

Wie der Zufall es wollte, waren bei dem Eingriff auf Einladung des Zoos auch einer der angesehensten Fotografen von Fleet Street, Freddie Reed vom *Daily Mirror*, und seine auf Tiergeschichten spezialisierte Reporterkollegin Betty Tay im OP zugegen. Die Zooverwaltung hatte ihnen die in jenen Tagen seltene Gelegenheit verschafft, eine Operation im Zoo mitzuverfolgen, und da beide erfahrene Presseleute waren, bauschten sie das Gesehene nicht übermäßig auf. Doch selbst Miss Tay war von dem Vorfall so beeindruckt, dass sie später schrieb: «Ich wurde Zeugin, als man an dem Tier eine dreißig Sekunden lange Herzmassage vornahm. Mir kamen sie vor wie dreißig Minuten!» Erst als der Puma aus dem OP in die Genesungsstation der Klinik geschoben wurde, merkte ich, dass mir der Schweiß übers Gesicht strömte.

Obwohl Sabres Operation erfolgreich verlief, sind wilde Tiere im Allgemeinen nicht einfach zu behandeln – egal, ob im OP oder mit Medikamenten. Sie verfügen nicht über die positive geistige Grundeinstellung des Menschen, die uns befähigt, uns von Krankheiten oder Operationen zu erholen. Erkrankt ein wildes Tier in seiner natürlichen Umgebung, ist es so gut wie zum Tode verurteilt, entweder, weil es nicht mehr selber jagen kann oder weil es wegen seiner Krankheit leichte Beute für Raubtiere darstellt. In seiner Herde wird es womöglich als Belastung empfunden, als Risiko für die Sicherheit der anderen, mit der Folge, dass seine Artgenossen es im Stich lassen oder gar umbringen. Während ein kranker Mensch Hilfe bei Familie oder Freunden und sogar beim Staat suchen kann, wird das kranke wilde Tier zum Feind aller anderen, was ihm auch bewusst ist – und dementsprechend verletzlich wird es.

Für den menschlichen Patienten symbolisiert der Arzt Hoffnung auf Genesung; wichtig ist nicht nur das, was er *tut*, sondern auch das, was er *darstellt*. Diese Symbolkraft aber bleibt einem Tier verschlossen. Im Zoo machten wir die Erfahrung, dass man ein Tier im Fall einer Erkrankung am besten erst einmal vierundzwanzig Stunden sich selbst überlässt, Notfälle natürlich ausgenommen. Jeder Versuch, in dieser Frühphase zu intervenieren, kann sich womöglich als kontraproduktiv erweisen. Medikamente sind einem wilden Tier so völlig wesensfremd, dass es sogleich wittert, wenn man ihm welche verabreichen will, und sich dagegen sperrt. Die emotionale Aufregung überwiegt zumeist die positive Wirkung des Mittels.

Im Zoo fanden wir heraus, dass gewisse kleinere Veränderungen der Genesung eines Tiers förderlich sein können. Dazu gehörte die Verlegung des Tiers aus dem Umfeld, in dem es erkrankt war, in eine neue, angenehmere Umgebung. Ruhe und Wärme waren bei der Unterbringung ebenso wichtig wie schummriges Licht, und der Patient wurde mit verschiedenen Leckerbissen verwöhnt. Außerdem wurde das Tier von seinem Pfleger betreut, der Person also, die mit seinem Alltag, seinen

Launen und Vorlieben am besten vertraut war; in der Frühphase war der Pfleger zur Krankenbetreuung weitaus besser geeignet als der Tierarzt. Nur wenn alle anderen Bemühungen fehlgeschlagen waren, sollte der Tierarzt eingreifen, und dies auch erst, nachdem der emotionale Zustand des Tiers sich stabilisiert hatte und medizinische und chirurgische Eingriffe wirklich von Nutzen sein konnten.

ZU GUTER LETZT

Sabre erholte sich rasch, und bald war auch sein Fell nachgewachsen und verdeckte die Operationsnarbe. Er ließ weniger Symptome von Stress und Angst erkennen als wir Menschen – aber schließlich war er ja auch ein zäher Puma.

11 Wenn man vom Teufel spricht

DIE ANTIPODEN-INSELN, vor allem Australien, haben eine Fülle hochinteressanter zoologischer Geschöpfe aufzuweisen, darunter viele Beuteltiere. Am bekanntesten ist natürlich das ulkige Känguru: ein verblüffend flinkes Tier, trotz seines linkisch anmutenden Hoppelns, mit kraftvollen Hinterläufen, kleinen Ärmchen und einem Beutel vor dem Bauch, in dem die Jungen herumgetragen werden, bis sie fast erwachsen sind. Nach der Geburt kriecht das gerade mal zweieinhalb Zentimeter messende Kängurujunge über einen mit Speichel markierten Pfad hinauf in den Beutel der Mutter, wo es sich an einer Zitze festsaugt. Dort verbleibt es, bis es herangewachsen und groß genug ist, um aus dem Beutel herauszuhopsen, selbständig Futter zu suchen und dann, bei drohender Gefahr, wieder hineinzuhüpfen. Was für eine sinnreiche Einrichtung. Keine Kinderwagen!

Tasmanien, die südlich von Australien gelegene Insel, beherbergt eine Reihe faszinierender Lebewesen, und diese Geschichte handelt von einem von ihnen, dem Beutelteufel, auch bekannt als

Tasmanischer Teufel. Dieser Name ist äußerst passend; das wird einem jeder Tierpfleger des Londoner Zoos gern bestätigen. Trotzdem stimmt einen der Gedanke traurig, dass der Tasmanische Teufel durch das Verschulden des Menschen heute vermutlich ausgestorben ist – auch wenn darüber keine letzte Gewissheit herrscht, da sie in freier Natur schwierig aufzuspüren sind.

Der Tasmanische Teufel ist ein hässliches Vieh; er hat ungefähr die Größe eines Springerspaniels und dunkles, borstiges Fell mit schwacher Streifung. Sein großer Kopf weist zwei robuste Kiefer auf, die mit zahlreichen starken Zähnen bewehrt sind. Hals und Brust sind ebenfalls relativ kräftig, der Rest des Körpers aber verjüngt sich zu einem erbärmlichen kleinen Hinterteil, an dem ein von einem Haartuff gekrönter, ansonsten haarloser Schwanz prangt. Kein schöner Anblick! Es handelt sich um einen wilden Fleischfresser, dessen Hauptnahrung kleinere Säugetiere bilden. Gerüchten zufolge sind auch Schafe vor ihm nicht sicher, und angeblich ist er dazu imstande, einem Schaf bei der Verfolgung ein Bein abzubeißen, um es zu Fall zu bringen, zu töten und aufzufressen.

Die Wildheit dieses erbärmlichen Viechs tritt klar zutage, sobald man sich ihm nähert; ohne ersichtlichen Grund schnarrt und knurrt es vor Wut und greift gewöhnlich sofort an. Es ist schwierig einzufangen und unmöglich zu bändigen. Zum Einfangen müssen Netze oder die fliegende Spritze verwendet werden. Pfleger schärften einem gern ein, sich ihm auf gar keinen Fall zu nähern, solange es bei Bewusstsein ist.

Der Tasmanische Teufel ist eine abscheuliche, sture, unbeugsame, übel riechende Kreatur. Meiner Ansicht nach ist dem lieben Gott hier ein Fehler unterlaufen. Unser Beutelteufel lebte in den Fünfzigern im Londoner Zoo und war über Nacht sicher in seinem Gehege verwahrt – nahmen wir jedenfalls an. Was natürlich keiner wusste: Er war an diesem Samstag in den frühen Nachtstunden ausgebrochen. Wie mit einem Bolzenschneider hatte er einen sehr dicken, robusten Maschendrahtzaun durchgebissen. Daran mag man die fürchterliche Kraft seiner Kiefer ermessen.

In der Londoner Baker Street, unweit von Sherlock Holmes' Wohnung, trug sich der Vorfall dann zu. Das wilde, missförmige Untier muss losgewatschelt sein und den Regent's Park in südwestlicher Richtung durchquert haben, wobei es auf seinem Weg vermutlich an der Gloucester Terrace und anderen Sehenswürdigkeiten vorbeikam, bis es den oberen Teil der Baker Street erreichte. Dort taperte es, so steht zu vermuten, geduckt über die Bürgersteige, durchstöberte Mülltonnen und machte Jagd auf Katzen. Das garstige kleine Vieh muss dann die Marylebone Road überquert haben, die zu seinem Glück um diese nächtliche Stunde nicht allzu dicht befahren war. Wer ihm auf seinem Streifzug begegnete, dürfte es für eine absonderliche Promenadenmischung auf der Suche nach fressbaren Abfällen gehalten haben. Und so kam es, dass der Teufel vor einem Nachtclub auf halber Höhe der Baker Street anlangte. Angeheiterte Nachtschwärmer hätten bei seinem Anblick leicht an Halluzinationen glauben können. Die Gäste des Nachtclubs aber hatten Glück, denn er sah davon ab, die Treppe hinabzuwieseln, die in den Club hinunter führte.

Ein Mann, der gerade leicht schwankend aus dem Etablissement trat und offenbar fleißig gebechert hatte, starrte ungläubig das merkwürdige vierbeinige Objekt neben seinem Auto an. Obwohl sein Blick nicht mehr ganz klar und er etwas wackelig auf den Beinen war, folgerte er doch, dass es sich um einen Flüchtling aus dem Londoner Zoo handeln müsse. Wärter und Netze waren Mangelware. Was also stellte der Nachtschwärmer mit diesem bösartigen, wilden, aggressiven Biest an? Schickte er um Hilfe? Rief er die Polizei an? Den Tierschutzverein? Nicht um drei Uhr morgens! Unglaublich: Er bückte sich, packte das bösartige Ding im Genick und beförderte es, während es vor Wut knurrte, mit Schwung auf den Rücksitz seines Wagens, wo es weiter tobte und fauchte.

Der Mann schenkte dem keine Beachtung, setzte sich ans Steuer, wendete und fuhr die Baker Street hinauf zum Regent's Park, wo er schließlich mit seinem kreischenden Passagier vorm Haupteingang der Zooverwaltung anlangte. Er hämmerte und

rüttelte so lange an der Tür herum, bis der im Gebäude woh-
nende Hausmeister ihm öffnete, nicht gerade erfreut über die
nächtliche Ruhestörung. Er warf einen Blick auf die Rückbank
des Autos und traute seinen Augen nicht.

Umgehend eilte er in Richtung Tierpflegerhaus, nachdem er

den Fahrer aufgefordert hatte, ihm mit dem Teufel im Wagen zu folgen. Die Pfleger kamen nach draußen und waren hoch erstaunt, als sie sahen, wer dort auf dem Autorücksitz hockte. Sie hasteten ins Haus zurück, um Fangkescher an Stangen zu holen, mit denen sie dem Biest beim Einfangen nicht zu nahe kommen mussten.

Mit schwerer Zunge lallte der Mann: «Was soll das Theater?» Wieder tauchte er ins Wageninnere, packte das vor Wut fauchende Geschöpf und ließ es in eins der Netze plumpsen. Dann spottete er, an die Tierpfleger gewandt: «Wass' los? Macht ihr euch in die Hose oder was?»

Nachdem er das Tier glücklich losgeworden war, fuhr er davon in die Nacht. Die mehr als verdatterten Tierpfleger brachten den sich heftig sträubenden Tasmanischen Teufel dahin zurück, wohin er gehörte, und setzten ihn sicher in einem Innengehege hinter Schloss und Riegel.

Am nächsten Tag entdeckte man die beschädigte Stelle im Maschendrahtzaun, und mittlerweile hatte natürlich schon jemand die Presse verständigt. Reporter fanden sich ein, und man fotografierte das Biest, das Loch im Zaun sowie die Tierpfleger, die Auskunft über das bösartige Naturell des Tiers gaben. Mit besonderem Genuss erzählten sie von dem beschwipsten Nachtschwärmer, der, da er das Geschöpf und seine Eigenarten nicht kannte und betrunken war, das Tier ohne jede Angst einfach im Genick gepackt hatte, wie es keiner der Pfleger je gewagt hätte.

In der Presse wurde der Nachtschwärmer zum Helden hoch-stilisiert, der mutig seine Pflicht getan habe, aber ganz offenbar wusste er einfach nicht, mit wem oder was er es zu tun hatte.

ZU GUTER LETZT
Der Tasmanische Teufel ging letzten Endes friedlich an Altersschwäche ein, konnte aber nicht ersetzt werden. Komischerweise war darüber keiner besonders traurig, am wenigsten die Tierpfleger!

12 Zwei Löwen und Hitchcock

ALS ICH ZUM KURATOR FÜR SÄUGETIERE und hauptamtlichen Veterinär des Londoner Zoos ernannt wurde, übernahm ich zwei Amtspflichten auf einmal. Als Kurator war ich zuständig für Personalbelange, Tierunterkünfte, Verlegung, Nachzucht und so weiter. Hinzu kamen meine Aufgaben als Tierarzt, der sich um Gesundheit und Wohlergehen der Zootiere zu kümmern hatte.

Nach mehreren Jahren in dieser Doppelfunktion war mir die Arbeitsbelastung 1957 zu hoch geworden, ich konnte schwerlich beiden Aufgaben ausreichend gerecht werden. Deshalb ersuchte ich darum, das Amt zu teilen. Dem wurde stattgegeben, und von da an fungierte ich nur noch als hauptamtlicher Veterinär – später leitender hauptamtlicher Veterinär – und konnte mich ausschließlich auf meine wissenschaftliche Tätigkeit konzentrieren, mit der ich Gesundheit und Wohlbefinden der Tiere nicht nur im Londoner Zoo, sondern auch im Zoo von Whipsnade zu verbessern hoffte.

Eines schönen Tages beendete ich meinen morgendlichen

Rundgang am Löwenhaus. Dort schaute ich beim Revierpfleger und seinen Leuten in der Wärterstube vorbei und gönnte mir mit ihnen eine morgendliche Teepause.

Das Löwenhaus verfügte über zwei parallele Reihen von Außen- und Innenkäfigen. Die Außenkäfige waren vom Schutz einer Absperrung aus zu besichtigen, die Innenkäfige von Terrassen aus, über die sich ein Kuppeldach wölbte. Der Zwischenraum war überdacht und wurde als Dienstkorridor für die Außen- und Innengehege genutzt. Als Verbindung zwischen den Gehegen fungierte eine Bogenbrücke, die an den Seiten und oben mit Eisengittern gesichert war und deren Boden aus dicken, mit Teer bestrichenen Holzbohlen bestand. Jeden Tag wurden die Tiere von einer Seite auf die andere überführt, wenn Reinigungsarbeiten, Fütterung oder andere Abläufe dies erforderten. Bei Regenwetter konnten die Löwen sich in den Innenkäfigen aufhalten, bei gutem Wetter in den Außenkäfigen. Gesichert wurde dieses System durch Stahlschiebetüren, Vorhängeschlösser und Bolzen.

Jedes der Tierhäuser im Zoo war einem Revierpfleger unterstellt, der für das Personal und die Organisation der täglichen Aufgaben zuständig war. Das Löwenhaus genoss den besten Ruf, und die Pfleger dort waren stolz auf ihre Arbeit. Zu der Zeit fungierte im Löwenhaus ein großartiger Mann namens Alf Hitchcock, den aber alle nur Alf nannten, als Revierpfleger. Die Rolle des unumschränkten Herrschers über sein Reich füllte Alf hervorragend aus. Er war ein prachtvoller Londoner Cockney, groß, kräftig, ein Raubein mit struppig grauer Mähne. Für Dummköpfe hatte er nicht viel übrig, und mich, glaube ich, duldete er nur gerade so eben. Aber er liebte seine Arbeit und verstand sich glänzend darauf. Hin und wieder verlor er mal die Beherrschung, wie wir alle, aber wenn Alf in Wut geriet, konnte er toben wie ein Löwe. Dann stand ihm ein geradezu Ehrfurcht gebietendes Arsenal von Flüchen und wüsten Verwünschungen zu Gebote.

Friedlich plaudernd saßen wir mit unseren Teebechern zusammen, als ein fürchterliches Krachen und Gebrüll zu hören waren. Wir ließen den Tee Tee sein und hetzten in den Dienstkorridor. Ein wahrhaft beängstigender Anblick bot sich uns. Vier Brücken weiter stand im Dienstkorridor ein mächtiger Löwe nebst Gefährtin, und ihre hellgrünen Augen leuchteten im Halbdunkel wie Scheinwerfer. Später stellten wir fest, dass die Holzbrücken zwischen Außen- und Innenkäfig durch und durch morsch waren; schließlich waren sie schon über hundert Jahre alt. Offenbar hatte sich das Gewicht der beiden Tiere beim Überqueren der Brücke endlich als zu schwer für den Boden erwiesen, der darauf einstürzte und sie unsanft im darunter gelegenen Dienstkorridor landen ließ. Daher das Krachen, das wir gehört hatten.

Wie angewurzelt standen wir da, während das Löwenpaar sich uns mit Furcht erregendem Knurren näherte. Es gab kein

Entrinnen; wir saßen in der Falle wie einst die Christen im Kolosseum von Rom. Da wir vor Angst wie gelähmt waren, rührte sich keiner, und die Löwen kamen immer näher. Es schien, als erwarteten wir ergeben unser Schicksal.

Mit einem Mal platzte Alf Hitchcock jäh der Kragen, und er entschied, dass das Maß nun voll sei. Er schnappte sich einen Reisigbesen und stürzte auf die beiden los, brüllte wie ein Wilder, fuchtelte drohend mit dem Besen und ließ eine seiner berühmten Schimpfkanonaden vom Stapel. Es war urkomisch, die Reaktion der Löwen darauf zu beobachten: In ihren Gesichtern spiegelte sich blankes Entsetzen. Selbst Löwen ließen sich also offenbar von Alf einschüchtern, wenn er einen seiner Wutanfälle erlitt!

Sie blieben wie angewurzelt stehen, Alf jedoch war nicht zu bremsen. Den Reisigbesen wie einen Dreschflegel schwingend, stürmte er weiter auf sie zu. Bald war er bis auf wenige Fuß an sie herangekommen, und wir alle hielten den Atem an. Nach einem letzten furchtsamen Blick machten die Löwen kehrt, flohen vor dem tobenden Alf den Dienstkorridor hinab und retteten sich mit einem Satz zurück auf die geborstene Brücke, von wo aus sie sich eilig in die Sicherheit des Käfigs flüchteten, aus dem sie gekommen waren. Löwen trotzen offenbar jeder Gefahr, mit Ausnahme der Alf Hitchcocks!

Alf ließ die Bolzen an den Käfigtüren einrasten und kehrte dann zu uns zurück, immer noch auf hundertachtzig. Nicht unseretwegen, sondern wegen der Dreistigkeit der Löwen, seinen gewohnten Tagesablauf derart zu stören.

Als er in die Wärterstube kam, knurrte er nur: «Wo iss meine verflixte Tasse Tee?»

ZU GUTER LETZT

Hitchcock der Heldenmütige – Alf – ging kurz nach diesem Vorfall in Rente. Er war einer der letzten ausschließlich für ein Haus zuständigen Revierpfleger alter Schule. Ich führte für die jüngeren Tierpfleger ein Rotationssystem ein, bei dem sie vielfältige Erfahrungen sammeln konnten, was ihnen bei anstehenden Beförderungen von größerem Nutzen war. Das althergebrachte Personalsystem mit fester Belegschaft für ein Haus bedeutete, dass eine Beförderung erst erfolgen konnte, wenn ein Vorgesetzter ausschied, und eine Änderung war hier längst überfällig geworden. Jemanden wie Alf aber wird es kein zweites Mal geben.

13 Der Rabe mit dem Holzbein

DIE SCHWARZEN RABEN VOM TOWER OF LONDON sind berühmt. Wie lange sie schon dort leben, weiß ich nicht genau, aber es sind bestimmt schon über hundert Jahre. Jedenfalls sind sie vom Tower nicht mehr wegzudenken, sodass sich sogar eine Legende um sie rankt: Wenn die Raben den Tower verlassen oder aussterben, so heißt es, bedeutet dies das Ende der Monarchie. Diese Mär ist ebenso romantisch wie unsinnig, lockt aber scharenweise Touristen an, die besonders darauf erpicht sind, die Raben zu sehen.

Raben sind stattliche große Vögel, kräftig gebaut und mit starken Schnäbeln, mit denen sie sich über ihr Fleisch hermachen. Sie sind überwiegend Fleischfresser und werden von den Beefeaters, den Leibgardisten, die den Tower bewachen, wie Haustiere behandelt. Die Beefeaters fühlen sich für diese Raben persönlich verantwortlich, und jeder Vogel hat einen Namen und eine Nummer. Sie werden fast genauso behütet wie die Kronjuwelen selbst.

Eines Tages brach eine schreckliche Panik aus, als ein Beefeater bemerkte, wie einer der Raben hilflos am Boden krauchte, mit den großen Flügeln flatterte, sie ausstreckte und sich auf ihnen abzustützen versuchte – kurz, ein wahrhaft jammervolles Bild abgab. Sofort versuchte er den unglücklichen Vogel einzufangen, der inzwischen nicht nur verängstigt, sondern auch wütend war und nach dem Gesicht seines Helfers hackte. Der Beefeater trug ihn hastig in die Stube, wo er und seine Kollegen den Raben untersuchten und zu ihrem Entsetzen feststellen mussten, dass der rechte Fuß des Vogels mitsamt dem halben Bein abgetrennt und nirgends aufzufinden war. Die arme, wild flatternde Kreatur war außerstande, ihr Gewicht auf einem Bein zu tragen, und schwebte in großer Gefahr, sich selbst weiter zu verletzen.

Man verständigte sofort den Londoner Zoo über diesen Notfall und brachte den Vogel eilig zur Untersuchung vorbei. Nach Verabreichen einer leichten Narkose wurde am Beinstumpf umgehend operiert, um ihn so gut wie möglich zu säubern.

Als vorübergehende Maßnahme stülpten wir ein stabiles Kunststoffröhrchen über den Stumpf, das wir mit Klebeband befestigten. So konnte der Rabe zumindest sein Gleichgewicht halten, wenn auch nur am Boden, da er sich so nirgends festkrallen konnte. Dies durfte nicht der Weisheit letzter Schluss sein, und ich rief meine Kollegen vom *Royal National Orthopaedic Hospital* an. Ein guter Freund von mir, Dr. – inzwischen Professor – Scales, kam umgehend vorbei, um sich ein Bild der Lage zu machen. Er fotografierte das linke Bein samt Fuß und nahm sehr sorgfältige Messungen am verbliebenen rechten Stumpf vor, um exakte Angaben für die eventuelle Erstellung einer Prothese zu haben, die letztlich auch angefertigt wurde.

Dem Vogel wurde vorerst Ruhe verordnet, und ein paar Tage später fuhr ich mit ihm zur Orthopädischen Klinik in Stanmore. Hier wurde ein Gipsabguss vom Stumpf und auch von dem verbliebenen Bein genommen, damit man eine Vorlage hatte. Dann kam der Vogel vorerst in die Zooklinik zurück, während eine Prothese gebaut wurde.

Eine Woche später rief man mich an und teilte mir mit, dass das Holzbein fertig sei. Eine Art Fuß war konstruiert worden, aber ohne die natürliche Biegsamkeit. Er war mit einer Plateausohle versehen, auf der der Vogel festen Stand haben und über völlige Stabilität verfügen würde. Mit der Prothese würde er herumlaufen, kurze Flüge unternehmen und sicher wieder landen können, doch sitzen könnte er damit erst, sobald er gelernt hatte, auf dem einen Bein nur zu ruhen und sich mit dem anderen Fuß festzuklammern.

Wieder unternahmen wir die Fahrt zur Klinik, wo man mehrere Prothesen erstellt hatte, um auf jeden Fall eine exakte Passform bereit zu haben. Während des Anpassens wurde der Vogel leicht betäubt, und als der Rabe wieder zu sich kam, hatte er rechts eine Beinprothese von gleicher Länge wie sein gesundes

Bein. Wir setzten ihn auf den Boden des OP-Saals. Zunächst
stand er ganz still da, als würde er dem neuen Bein nicht recht
trauen. Dann unternahm er ein paar kurze Hüpfer, wobei er
beide Beine gleichzeitig benutzte. Es war faszinierend, zu beobachten, wie rasch der Vogel an Selbstvertrauen gewann. Bald ging
er sogar dazu über, im Raum umherzustolzieren, wobei er fortwährend laute Krächzer ausstieß, vielleicht Freudenschreie darüber, wieder richtig laufen zu können.

Der Vogel wurde zum Tower of London zurückgebracht, wo er sich sofort wieder unter die übrigen Vögel mischte und sein alltägliches Leben fortsetzte. Dass er eine Prothese hatte, fiel den wenigsten Besuchern auf, denn man hatte sorgfältig auf die farbliche Übereinstimmung mit dem gesunden Bein geachtet.

ZU GUTER LETZT

Wie der Zufall es wollte, wurde der rettende Beefeater später mit seinem Schützling im Auftrag eines Herstellers von Farbfilmen von einem professionellen Fotografen abgelichtet. Die bezaubernde Aufnahme der beiden Köpfe – Rabe und Beefeater dicht beieinander, Auge in Auge – wurde vergrößert und als Anzeigenmotiv verwendet.

14 Ein Elefant vergisst nie

Der Londoner Zoo verfügt heute über ein schmuckes neues Elefantengehege, nach einem eigens erarbeiteten Entwurf erbaut und von einer Einfriedung umgeben, die, wenigstens nach der Aussage eines der Architekten, einem Kreis von Elefantenhinterteilen nachempfunden ist! Das frühere Elefantengehege in den Middle Gardens war eine reine Notlösung und bestand aus zwei großen, umfunktionierten Luftschutzbunkern, die zu Beginn des Zweiten Weltkriegs zum Schutz des Personals vor Bombenangriffen errichtet worden waren. Nach dem Krieg wurde beschlossen, diese Bauten als vorläufige Unterkünfte für die Elefanten zu nutzen, solange für sie noch kein eigens errichtetes Haus zur Verfügung stand. Beide Bunker waren unterirdisch angelegt und aus Stahlbeton, mit zwei Zugängen, von denen aus Rampen hinauf in ein Freigehege führten. Für Menschen boten diese unterirdischen Räumlichkeiten reichlich Platz, für Elefanten aber waren sie recht beengt. Die beiden Betonunterkünfte waren an den Rückseiten durch einen Tunnel aus Stahlbeton miteinander verbunden, von dem aus man Zugang zu den Gehegen hatte, sodass die Pfleger von einem Gehege ins andere gelangen konnten, ohne den Elefanten in die Quere zu kommen.

Das von den Rampen aus zugängliche Freigehege war eine weitläufige Arena mit entsprechendem Sandbelag und einem Bassin, in dem die Elefanten baden konnten. Dieses runde Areal war umgeben von einem breiten, U-förmigen Graben aus Beton, dessen Innenseite ringsum mit einer Reihe spitzer Streben gesichert war, um die Elefanten von Balancierversuchen auf der Kante abzuhalten. Außen herum erhob sich eine ungefähr einen Meter hohe Mauer, sodass die Besucher gut sehen, aber nicht zu nah herankommen konnten. Der Graben war zwischen zweieinhalb und drei Meter breit. Auf seine Art war dieses Schaugehege sehr eindrucksvoll, da die Elefanten sich den Besuchern gegenüber etwas erhöht befanden und ihre ungeheure Größe so noch besser zur Geltung kam.

Das Elefantengehege war überaus beliebt. Die Besucher lehnten sich gern über die Schutzmauer, um den Elefanten Futter hinzuhalten – was wir schließlich untersagen mussten – , und die Elefanten traten so dicht wie möglich an den äußersten Rand des Geheges und lehnten sich mit ausgestreckten Rüsseln vor, um die Leckerbissen in Empfang zu nehmen. Das Gehege beherbergte zwei Elefanten, eine indische Elefantendame namens Rusty und eine riesenhafte afrikanische Elefantenkuh namens Diksie. Diksie bot einen eindrucksvollen Anblick; sie war von imposanter Größe und hatte die für afrikanische Elefanten typischen großen, wedelnden Ohren. Außerdem hatte sie eine niederträchtige Ader. Diksie entwickelte großes Geschick darin, wie eine Ballerina auf ihren beiden Vorderbeinen zu balancieren und sich so weit, wie ihr Gewicht es zuließ, vorzulehnen, um den Besuchern ihren Rüssel entgegenzustrecken. Einer ihrer Tricks bestand darin, Besuchern, die kein Futter hatten oder ihr keines gaben, Speichel ins Gesicht zu sprühen. Eines Tages hieb daraufhin eine erzürnte Dame Diksie mit ihrem Schirm auf den Rüssel, worauf Diksie ihr den Schirm blitzschnell entwendete, zwischen ihren mächtigen Kiefern zermalmte und anschließend verschluckte. Die Dame war außer sich; sie hämmerte wutentbrannt gegen meine Wohnungstür und verlangte Ersatz für ihren Schirm!

Diksies Balancierkünste wurden ihr eines Tages schließlich zum Verhängnis. Zwischen beiden Elefantendamen herrschte erbitterter Futterneid, zumal dann, wenn nur wenige Besucher im Zoo und Leckerbissen folglich rar waren; so kam es ständig zu Schubsereien, weil sich jede den günstigsten Platz sichern wollte. Als Diksie an besagtem Tag wieder einmal in bester Ballerina-Manier auf der Balustrade des Geheges balancierte, versetzte Rusty ihr einen solchen Stoß, dass Diksie unter Gepolter in den Graben stürzte. Beide Tiere stießen schrilles Wutgeschrei aus, und unter den Umstehenden machte sich Bestürzung breit. Bei ihrem Sturz hatte Diksie sich an den spitzen Schutzstreben einen bösen Riss am Unterbauch zugezogen.

Einen Elefanten aus einem Graben zu bergen wirft gewisse Probleme auf. Wegen seines Gewichts von mehreren Tonnen kann es schwierig und gefährlich sein, ihn herauszuheben. In diesem Fall errichteten wir eine Art Treppe aus festen Strohballen, über die Diksie selbst wieder ins Gehege hinaufgelangen konnte. Wir kamen überein, sie am besten in die unterirdischen Unterkünfte zu bringen, wo ich mir ihre Wunde genauer ansehen, den Schaden abschätzen und, falls erforderlich, beheben könnte.

Nachdem wir Diksie in ihr Gehege gebracht hatten, fiel uns auf, wie beengt es dort tatsächlich war. Zwischen ihren Schultern und der Decke waren nur wenige Handbreit Platz, und wegen ihres gewaltigen Körperumfangs konnte sie sich praktisch kaum umdrehen. Diesem Missstand wurde letzten Endes durch das neue Elefantenhaus abgeholfen.

Ich kehrte in die Zooklinik zurück, um Helfer und Ausrüstung zu holen, denn der hässliche Riss an Diksies Unterbauch musste genäht werden. Nach lokaler Betäubung vernähte ich die Wunde mit zwanzig festen Stichen, was ungefähr anderthalb Stunden beanspruchte, da ich gezwungen war, in unbequemer Stellung unter Diksie zu kauern. Nicht selten fasst eine Elefantenkuh besondere Zuneigung zu einem bestimmten Pfleger, und solange er in der Nähe ist, tut sie alles, was er ihr sagt. Solche Bindungen sind sehr wertvoll, können aber auch Probleme aufwerfen, wenn der Pfleger abwesend ist. Da ihr Pfleger während des Eingriffs zugegen war, verhielt sich Diksie durchgehend ruhig und fügsam. Meine Stellung war zum Operieren alles andere als ideal, aber man gewöhnt sich an alles. Nach beendeter Operation erklärte ich dem Pfleger, wie die Wunde täglich zu säubern war, und veranlasste, dass mein Krankenhaus-Vorsteher jeden Tag zum Nachschauen vorbeikam.

Nach zehn Tagen sah ich in Begleitung des Vorstehers wieder vorbei und zog mit Hilfe des Pflegers die Fäden aus der Wunde, die verheilt war und sehr gut aussah.

Mein Büro befand sich unweit meiner Wohnung in den Middle Gardens, und der Weg dorthin führte mich immer am Elefantengehege vorbei. Als ich ein paar Tage später auf dem Weg zum Mittagessen vorbeikam, beschloss ich, auf einen Sprung bei Diksie vorbeizuschauen und einen Blick auf ihre Wunde zu werfen. Sie war in dem unterirdischen Innengehege eingesperrt, weil der Pfleger gerade Mittagspause machte.

Ich öffnete die mächtigen Stahltüren von Diksies Gehege und schloss sie hinter mir, eine im Zoo übliche Vorsichtsmaßnahme. Diksie pendelte unter Grunzlauten vor und zurück und schien sich an meiner Anwesenheit nicht weiter zu stören. Ich ging um sie herum bis vor den Eingang des Verbindungstunnels. Von diesem günstigen Punkt aus rutschte ich unter sie, um ihre Wunde zu begutachten. Mitten in der Untersuchung merkte ich auf einmal entsetzt, dass die Elefantenkuh sich ganz langsam von oben auf mich herabließ, wie ein riesiger Aufzug. Sie versuchte, mich in eine Ecke des Geheges zu drängen, um sich dann auf mir niederzulassen. Todesangst packte mich, verzweifelt sann ich auf

Fluchtmöglichkeiten. Zum Glück hatte ich mich beim Verbindungsflur positioniert und konnte mich – noch gerade so – an ihrem massigen Körper vorbei ins Flurende zwängen. Vor Zorn, ihrer Beute verlustig gegangen zu sein, stimmte Diksie lautes Gebrüll an, und ihr Rüssel folgte mir in den Flur hinein, was wiederum mich dazu zwang, so weit als möglich aus ihrer Reichweite zurückzuweichen.

Zu allem Unglück gingen nun auch der indischen Elefantendame Rusty die Nerven durch, die, vermutlich aus Panik, in den Lärm einstimmte und ihrerseits vom anderen Tunnelende aus versuchte, mich mit ihrem Rüssel zu erreichen. Reglos stand ich da, während beide Rüssel an meiner Kleidung zupften und wie wild versuchten, mich zu fassen zu bekommen und fortzuzerren. In meinem ganzen Leben stand ich noch nie so stocksteif vor Furcht; ich konnte spüren, wie mir der Schweiß über den Körper rann. Der Lärm war schier unerträglich, da nun beide Elefantendamen in den engen Betonluftschutzbunkern aus Leibeskräften schrien.

Glücklicherweise war der Tumult so laut, dass die Pfleger aus ihrem Pausenraum angelaufen kamen. Die beiden Lieblingspfleger öffneten die Türen und führten die Tiere sofort die Rampen hinauf ins Freigehege. Dann schlossen sie die Stahltüren, um den Elefantenkühen den Rückweg zu versperren, und eilten zu meiner Rettung. Als sie mich ins Freie führten, war ich vor Schock und Angst einer Ohnmacht nahe, erholte mich aber ziemlich rasch. Diese grauenhaften Momente sind mir bis heute unvergesslich.

Die Pfleger waren mit vollem Recht aufgebracht darüber, dass ich mich ohne ihr Geleit in die Gehege gewagt hatte. Sie kannten sich aus, ich aber hatte töricht gehandelt. Offenkundig hatte Diksie mich wegen der Operation in schlechter Erinnerung behalten, und Elefanten vergessen bekanntlich nie!

ZU GUTER LETZT

Den Plänen für das neue Elefantenhaus verweigerte ich meine Unterschrift, da keine Gerüstvorrichtung vorgesehen war, an der im Notfall ein Flaschenzug zu Hebezwecken befestigt werden konnte. Kurz danach verließ ich den Zoo und übernahm einen Lehrstuhl an der Universität. Diksie stürzte eines Tages in ihren neuen Graben und brach sich ein Bein. Sie starb. Aus Schaden wird man selten klug, nicht wahr?

15 Kaiserschnitt
auf Jersey

KAISERSCHNITTE SIND HEUTE GANZ ALLTÄGLICH, wenn Komplikationen einer natürlichen Geburt im Wege stehen. Der Kaiserschnitt allerdings, von dem hier die Rede sein wird, war etwas Besonderes: Er musste an einer Löwin vorgenommen werden.

Die Welt der Zoologie bringt eine Menge interessanter Menschen hervor, darunter nicht wenige Exzentriker, viele Wissenschaftler und eine Hand voll sehr guter Freunde. Zu meinen besten Freunden zählte der inzwischen verstorbene Gerald Durrell, ein ungewöhnlicher Wissenschaftler, der exzentrische Wege beschritt und die *Jersey Zoological Society and Trust* begründete. Dieser bemerkenswerte Mann schuf einen der besten Kleinzoos der Welt, ausgerichtet auf ein Hauptaugenmerk: den Artenerhalt. Er bevölkerte sogar eine Insel, indem er längst ausgerottete Arten neu ansiedelte und so den Beweis lieferte, dass dies tatsächlich ein gangbarer Weg war.

Zu der Zeit bewohnte ich ein Haus in London, wenige Minuten vom Zoo entfernt. Es war ein Samstagmorgen, und ich war gerade im Garten mit dem Beschneiden meiner Rosen beschäftigt, als das Telefon läutete. Als ich den Hörer abhob, sagte eine Stimme: «Oliver, du kommst nach Jersey. In einer halben Stunde holt dich ein Wagen ab; dein Ticket liegt für dich am Flughafen bereit.» Ich erkannte Geralds Stimme und reagierte etwas gereizt, weil ich keine Ahnung hatte, was hier gespielt wurde.

«Wovon, um alles in der Welt, redest du da, Gerry? Ich beschneide gerade meine Rosen; ich habe nicht die Absicht, nach Jersey zu kommen.»

«In ungefähr fünfundzwanzig Minuten wird ein Wagen bei dir eintreffen. Dein Ticket liegt am Flughafen, und du musst sofort kommen. Wir haben ein ernstliches Problem.»

Wie sich herausstellte, quälte eine seiner Löwinnen sich seit zwei oder drei Tagen vergebens damit ab, Junge auf die Welt zu bringen. Sie hatte sich in ihrer Höhle unter der zentralen Felseninsel im Löwengehege verschanzt, einer Höhle, die, wie sich später zeigte, von einer Löwin zwar mühelos betreten werden konnte, für einen Menschen aber nicht hoch genug war. Als Mensch musste man auf allen vieren hineinkriechen.

Tatsächlich traf wenig später ein Mietwagen bei mir ein, der mich zunächst zur Zooklinik brachte, wo ich alle für einen Kaiserschnitt benötigten Instrumente zusammensuchte. Dazu packte ich noch die fliegende Spritze ein, entsprechende Medikamente und speziell auf ein Tier dieser Größe zugeschnittene Endotrachealtuben – das sind Schläuche, die in die Luftröhre des Tieres eingeführt werden und es direkt ans Narkosegerät anschließen. Für die Luftröhren von Löwen, Giraffen oder anderen Säugetieren dieser Größe müssen entsprechend erweiterte Schläuche angefertigt werden.

Am Flughafen gab ich der Zollkontrolle wahrheitsgemäß an, dass ich eine Waffe mit mir führte; dies löste einigen Wirbel und einen Auflauf von Zollbeamten aus. Sehr ausführlich erklärte ich, dass es sich um eine Narkosepistole handelte, von der aus mit Medikamenten präparierte Pfeile auf Tiere abgefeuert wurden, um sie zu betäuben. Vonseiten der Beamten wurde dies ausnahmslos mit versteinerter Miene aufgenommen; sicherlich hielten sie mich für einen Terroristen, der vorhatte, ein Flugzeug in seine Gewalt zu bringen. Am Schluss klärte man mich auf, dass die Waffe nur mit nach Jersey könnte, wenn sie während des Flugs in der persönlichen Obhut des Piloten vorn in der Kanzel aufbewahrt würde. Damit erklärte ich mich sofort einverstanden.

Schon die erstmalige Einführung der Waffe von Amerika nach England war enorm zeitraubend, sie steckte nämlich fast achtzehn Monate lang beim Zoll fest. Und zwar deshalb, weil sie als Fernlenkgeschoss klassifiziert war, was ja einen unleugbar militaristischen Beiklang hat. Wie sehr ich mich auch bemühte, das Foreign Office war schlicht nicht davon zu überzeugen, dass es sich mitnichten um ein «Fernlenkgeschoss» handelte, sondern um ein medizinisches Gerät.

Wir gingen an Bord der Maschine und hoben ab – das Gepäck im Gepäckraum verstaut, die Narkosepistole beim Piloten. Die Ankunft am Flughafen von Jersey verursachte eine kleine Sensation; die Presse war bereits verständigt, und eine kleine Meute hatte sich eingefunden. An der Zollkontrolle wartete ich auf mein Gepäck, das auch recht schnell durchkam, doch … keine Spur von der Pistole. Man hatte in London vergessen, die Waffe der Obhut des Piloten zu übergeben, und das Flugzeug war ohne sie gestartet.

Nach wilden Telefonaten mit dem Londoner Flughafen wurde extra ein Flugzeug gechartert, um die Waffe nach Jersey zu bringen. Sehr vernehmlich legte ich dar, dass mein Aufenthalt auf der Insel ohne diese Waffe für die fragliche Löwin gänzlich wertlos sei. Natürlich malte ich den Zollbeamten auch die Alternative aus – gern könnten sie persönlich herkommen und die Löwin für mich aus der Höhle zerren, meine Methode sei mir jedoch lieber. Kleinlaut pflichtete man mir bei.

In der Zwischenzeit fuhr ich zum Zoo und verschaffte mir einen Überblick über die Örtlichkeiten. Der Eingriff würde im Freien stattfinden müssen, da der Zoo damals noch nicht über eigene tiermedizinische Einrichtungen verfügte, was inzwischen der Fall ist. Das Löwengehege war eine weitläufige, offene Anlage mit einer Insel in der Mitte, die aus mächtigen, übereinander gestapelten Felsplatten, vereinzelt sprießenden Grasbüscheln und dergleichen bestand. Die Felsplatten waren so aufgeschichtet, dass darunter eine Höhle entstand, in welche die Löwen sich zurückziehen konnten, wenn sie außer Sichtweite und für sich sein wollten.

Draußen vor der Anlage erklärte mir Gerald Durrell, dass die Löwin sich allein in der Höhle aufhalte, und zwar schon seit geraumer Zeit. Man war in größter Sorge, weil sie noch nicht mit ihren Jungen herausgekommen war. Die übrigen Bewohner des Geheges hatte man aus Sicherheitsgründen vorübergehend anderweitig untergebracht.

Ich arrangierte, dass zwei Tische aus der Kantine in das Gehege gebracht werden sollten, sobald wir die Löwin aus der Höhle bekommen hätten. Außerdem mussten Kabel gezogen werden, um eine ganze Traube von Lampen über dem Tisch aufzuhängen, da inzwischen abzusehen war, dass die Operation sich bis in die Abendstunden hinziehen würde.

Der nächste Schritt war Furcht erregend. Jemand, das heißt ich, musste das Gehege betreten und sich der Höhle nähern, um den Narkosepfeil auf die Löwin abzufeuern, damit wir sie ins Freie schaffen konnten. Es galt buchstäblich, sich in die Höhle des Löwen zu wagen. Die einzige Sicherheitsvorkehrung für mich bestand in einem um die Taille geschlungenen Seil, das ausgelassen würde, während ich mich mit meiner Pistole dem Höhleneingang näherte. Sollte es Ärger geben, hoffte ich inständig, dass man mich rasch genug aus dem Gehege zerren würde, bevor die Löwin mich erwischen konnte.

Nicht eben selbstsicher betrat ich das Gehege und ging langsam auf den Höhleneingang zu. Je näher ich kam, desto vernehmlicher wurde das Knurren.

Am Eingang angelangt, legte ich mich hin und spähte ins Höhleninnere, aber bis auf zwei goldene Scheinwerfer, die mir aus einigen Metern Entfernung aus dem Dunkel entgegenglommen, war nichts zu erkennen. Hier war meine Löwin. Ihren Körper konnte ich in dieser Stockfinsternis überhaupt nicht ausmachen. Mein einziger Anhaltspunkt waren die zwei goldenen Augen, die mich aus dem Dunkel bedrohlich anstarrten. Zitternd lag ich ausgestreckt am Boden und versuchte mit meiner Narkosepistole dahin zu zielen, wo ich die am besten geeignete Stelle vermutete, unten am Hals des Tiers.

Ich schoss. «Pfft» machte die Pistole. Zugleich mit dem dumpfen Einschlag des Projektils vernahm ich zorniges Knurren. Genau in dem Moment schrie ich den Leuten außerhalb des Geheges zu: «Ziehen!»

Meine Sorge war unbegründet, es tat sich rein gar nichts, und das Knurren hörte ziemlich bald auf, bis völlige Stille herrschte. Meiner Einschätzung nach musste nach fünfzehn Minuten totale

Bewusstlosigkeit eintreten, was mir eine relativ gefahrlose Rückkehr gestattete. Nach genauer Zeitnehmung betrat ich erneut das Gehege, immer noch mit dem Seil um die Taille, diesmal aber noch mit einem zusätzlichen Seil in der Hand, um die Löwin daran festzubinden.

Ich kam an den Höhleneingang – es war totenstill. Vor Angst schwitzend kroch ich langsam ins Dunkel, indem ich das Seil mit mir führte. Eine quälend lange Zeit später – nicht mehr als zwei Minuten wahrscheinlich, die mir aber wie zwei Wochen vorkamen – ertastete ich eine große, pelzige Tatze mit mächtigen Klauen. Es war die obere Vorderpfote der Löwin, die inzwischen bewusstlos dalag. Ich befestigte das Seil an ihrem Fußgelenk, trat den Rückzug aus der Höhle an und wies die Helfer an, die Löwin herauszuziehen. Friedlich schlummernd und völlig entspannt wurde sie ins Freie gezerrt.

Eilig bauten wir die Tische im Gehege auf, deckten sie mit sterilen Tüchern ab und hoben die Löwin hinauf. Dann klammerte und rasierte ich ihre gesamte Flanke und desinfizierte sie gründlich. Inzwischen war die Löwin auch intubiert und an das Narkosegerät angeschlossen. Ein stetiger Zustrom von Narkosegas sorgte für anhaltende Bewusstlosigkeit. Die mit Jod bepinselte Operationsfläche wurde unter grünen Tüchern isoliert und an jeder Ecke geklammert, und wir legten sterile grüne Operationskittel an.

Der Eingriff begann. Ich schnitt den Unterbauch auf und zog die Gebärmutterhörner heraus. Aus dem einen Horn holte ich ein totes Junges, darauf noch ein zweites, das quer vorm Muttermund lag und ihn so für den übrigen Wurf blockierte. Aus dem anderen Horn konnte ich zwei Junge lebend bergen, die gleich nach der Geburt, als sie in Tücher gepackt wurden, zu zappeln und zu quieken begannen. Meine Aufgabe war nun einfach: so rasch wie möglich die Schnitte im Uterus, in der Muskulatur und der Haut zu vernähen, während sich andere um die Jungen kümmerten.

Die Operation verlief gut, bis plötzlich anscheinend sämtliche auf Jersey lebende Mücken einfielen und mich, die Lampen, den Operationstisch und die ganze Szene zu umschwirren begannen. Glücklicherweise waren wir fast fertig. Das Jucken mussten wir eben aushalten.

Die Löwin wurde vom Narkosegerät genommen und in ein vorbereitetes Erholungsgehege überführt. Lediglich eine ungefähr fünfundvierzig Zentimeter lange frische Narbe, die mit dreißig bis vierzig sauber verknoteten Stichen genäht worden war, zeugte noch von dem Eingriff. Wegen der Injektionen, die ich ihr zu Beginn verabreicht hatte, blieb sie noch einige Stunden bewusstlos, was uns allen nur recht war.

Inzwischen hatte es zehn Uhr geschlagen, und ich war ziemlich erschöpft, aber froh über das Ergebnis meiner Arbeit. Die beiden Jungen maunzten und quiekten und tranken gierig aus einer Flasche.

Gerald Durrell lud mich liebenswürdigerweise noch zum Abendessen ein, obwohl ich, glaube ich, wohl lieber zu Bett gegangen wäre.

Am nächsten Morgen musste ich sehr zeitig aufstehen, um den Flug zurück nach London zu erwischen, und gegen halb sechs Uhr früh sah ich noch kurz bei der Löwin nach dem Rechten, die schon wieder aufgerichtet dasaß und ganz wohlauf schien. Die neugeborenen Jungen gediehen prächtig, und meine Aufgabe schien somit erfüllt. Ein Auto brachte mich zum Flughafen, wo ich einen frühen Flug nahm. Rechtzeitig zum Lunch traf ich bei mir zu Hause in London ein, und am Nachmittag konnte ich meine Rosen weiter beschneiden.

ZU GUTER LETZT
Am nächsten Tag rief Gerald Durrell an und sagte: «Als Zeichen der Anerkennung haben wir beschlossen, das männliche Junge nach dir zu benennen. Es wird Oliver heißen.» Bei der Gelegenheit fällt mir auf, dass gar nicht wenige Tiere im Zoo ebenfalls diesen Namen erhielten.

16 Ein Leopard in Downing Street No. 10

EINE GANZE REIHE VON TIEREN gelangte als Schenkung des Ehrenwerten Winston Churchill, seinerzeit Premierminister von Großbritannien, in den Londoner Zoo. Würdenträger aus fernen Ländern brachten ihm aus Anlass von Staatsbesuchen nicht selten ein Tier als Gastgeschenk mit, da er für seine Tierliebe weithin bekannt war, und gewöhnlich landeten diese dann im Zoo, den er im Übrigen recht häufig mit Besuchen beehrte.

Eines Tages flog der Präsident einer Fluggesellschaft aus dem Nahen Osten zu einem offiziellen Besuch ein. Als Vorstand eines wohlhabenden Unternehmens stand ihm für Reisen natürlich ein eigener viermotoriger Jet zur Verfügung.

Die Beamten am Flughafen Heathrow – und alle anderen – ahnten allerdings nicht, dass er seinen zahmen Leoparden mitgebracht hatte, ein halbwüchsiges Tier, das er von Kindesbeinen an aufgezogen hatte und welches ihn, an Halsband und Kette, auf Schritt und Tritt begleitete. Das riesige Flugzeug rollte auf den vorgesehenen Zielpunkt zu, an dem eine große Menschenmenge den offiziellen Gast bereits erwartete – darunter nicht nur Vertreter der Fluggesellschaft, sondern auch Regierungsbeamte und dergleichen. Der Präsident der Fluggesellschaft hoffte in Großbritannien Geschäfte zu tätigen, folglich wurde er mit höchsten Ehren empfangen.

Die Gangway wurde herangerollt, und die Flugzeugtüren öffneten sich. Zunächst kamen ein paar offizielle Begleiter herab und daraufhin, nach einer Pause, erschien der Präsident selbst und winkte huldvoll in die Runde. Dann trat er den Weg die Gangway herab an, wobei er, zum Erstaunen des Empfangskomitees, einen angeleinten Leoparden mit sich führte.

Ein Zollbeamter drängte sich vor, eilte ein paar Stufen die Gangway hinauf und verstellte ihm den Weg. Unter keinen Umständen, erklärte er, dürfe das Tier den Boden betreten, es gebe schließlich Quarantänebestimmungen. Es kam zu einer kurzen Meinungsverschiedenheit, aber der Zollbeamte ließ sich nicht erweichen. Dies löste zwar, wie sich vom Gesicht des Präsidenten deutlich ablesen ließ, Befremden aus, aber da er aus einem Land anreiste, in dem die Tollwut grassierte, war das Vorgehen des Zollbeamten völlig rechtens. Dem Präsidenten blieb nur die Wahl, sein Tier ins Flugzeug zurückzubringen und es dort zurückzulassen. Dies lehnte er ab. Seine Geistesgegenwart wies schließlich den Weg aus dieser Sackgasse. «Ah», sagte er, «diesen

Leopardem wünsche ich als Zeichen der Ehrerbietung dem tierlieben Premierminister Ihres Landes als Geschenk zu überreichen. Ein Geschenk meines Landes an Ihr Land.»

Das änderte natürlich alles. Der Zollbeamte ließ nach einer Kiste schicken, man packte den Leoparden kurzerhand hinein und transportierte ihn in die Isolierbaracke. Dann konnte der offizielle Empfang des Präsidenten planmäßig fortgesetzt werden.

Unterdessen wurde der Premierminister telefonisch kontaktiert, der das Geschenk umstandslos annahm. Er ließ ausrichten: «Danken Sie dem Herrn Präsidenten und lassen Sie den Leoparden in den Londoner Zoo bringen.»

Über all dies setzte mich ein kurzer Anruf in meinem Büro in Kenntnis, des Inhalts, dass ich mich so rasch wie möglich in der Quarantänestation des Londoner Flughafens einfinden und dort einen Leoparden abholen solle, der ein persönliches Geschenk an den Premierminister war.

Ich besorgte mir in der Transportabteilung des Zoos einen Kombi und fuhr los zum Flughafen, wo ich die abseits gelegene Zollbaracke mit der angegliederten Isolierstation ansteuerte. Mir wurde ein stürmisch begeisterter Empfang zuteil; die Beamten dort wollten den Leoparden so rasch wie möglich loswerden, löste er doch gewisse Ängste aus. Die Kiste war unten mit Rädern versehen, und so war es ein Leichtes, das Tier, immer noch angetan mit Halsband und Leine, zum Kombi zu rollen. Der junge Leopard, ungefähr so groß wie ein Golden Retriever, machte insgesamt einen recht gelassenen Eindruck.

Ich wollte gerade die Rückfahrt zum Zoo antreten, als mich ein leitender Zollbeamter stoppte und erklärte: «Wir haben soeben einen Anruf aus Downing Street No. 10 erhalten; Sie sollen auf dem Weg zum Zoo dort vorbeifahren, der Premierminister wünscht das Tier zu sehen.»

Durfte ich mich den Anordnungen des Premierministers etwa widersetzen? Also fuhr ich los und parkte vor der Tür des berühmten Gebäudes, argwöhnisch beäugt von einem recht skeptisch wirkenden Polizisten. Ich ging um den Wagen herum, öffnete die Kofferraumtür und wuchtete nicht ohne Schwierigkeiten meine Kiste mit dem Leoparden auf die Straße. Als ich auf die Eingangstür von No. 10 zusteuerte, richtete der Polizist folgende ausgesucht höfliche Worte an mich: «Moment mal, Chef. Was ist'n in der Kiste da drin?»

«Och», sagte ich, «ein Leopard.»

Dem folgte ein längeres eisiges Schweigen, während dessen der Beamte mit streng hinter dem Rücken verschränkten Händen erst mich und dann die Kiste anstarrte, um daraufhin erneut das Wort zu ergreifen. «Bitte keine Scherze, Chef. Ich wiederhole, was haben Sie in der Kiste?»

Ich sagte: «Officer, ich habe einen Leoparden für den Premierminister dabei.»

In dem Moment öffnete sich, da ich inzwischen die Klingel betätigt hatte, die Tür, und zum Vorschein kam der Privatsekretär des Premierministers, der sagte: «Haben Sie herzlichen Dank, dass Sie sich die Umstände machen, den Leoparden beim Premierminister vorbeizubringen; er möchte ihn dringend sehen. Treten Sie doch ein.» Und so rumpelte ich, zur Verblüffung des Londoner Bobbys, mit meiner Kiste auf Rädern in die Empfangshalle von Downing Street No. 10. Dort waren der Leopard und ich alsbald von Mitarbeitern umringt, denen ich aber untersagte, ihn anzufassen, nicht etwa, weil er unberechenbar war – er wirkte im Gegenteil äußerst zahm –, sondern weil die Quarantänebestimmungen dies streng verboten. Falls sie das Tier anfassten, erklärte ich, müssten sie sich einer Reihe schmerzhafter Impfungen gegen Tollwut unterziehen.

Mr. Montague Brown verkündete, der Premierminister werde in einer halben Stunde nach unten kommen, da er sich gerade eine kleine Ruhepause gönne. Wir sahen alle fünf Minuten auf die Uhr, von fünfundzwanzig bis fünf rückwärts zählend. Die Spannung stieg, je näher das Erscheinen des Premierministers rückte. Pünktlich auf die Minute trat er in seinem berühmten Blaumann aus der Tür, eine dicke Zigarre schmauchend. Er kam die Treppe herunter und schritt durch die Menge, die sich vor ihm zu einer Gasse teilte, die direkt auf mich zu führte. Eine kleine Ewigkeit, in Wahrheit nur wenige Sekunden, fixierte er

mich mit stechendem Blick – seine Augen waren von durchdrin-
gendem Blau – und brummelte dann, in freundlichem Ton:
«Bringen Sie ihn ins Kabinettszimmer. Folgen Sie mir.» Ich folgte
dem großen Mann, den Leoparden in der Kiste hinter mir herziehend, und sobald wir uns im Kabinettszimmer befanden,
schlossen wir die Türen hinter uns. Er setzte sich und forderte
mich auf, neben ihm Platz zu nehmen. Nachdem er es sich in seinem Sessel gemütlich gemacht hatte, wandte er sich an mich und
sagte, indem er die Zigarre kurz aus dem Mund nahm, sehr höf-
lich: «Könnten wir bitte den Leoparden zur Ansicht auf den
Tisch setzen.»

Ich erklärte dem Premierminister, dass das Tier sich in strengs-
ter Quarantäne befinde, weshalb es in der Kiste bleiben müsse
und unter keinen Umstanden angerührt werden dürfe. Immerhin,
so dachte ich bei mir, verhängte er ja die Gesetze und sollte sich
damit auskennen. Worauf er seinen berühmten Blick auf mich
richtete und grollte: «Ich sagte, bitte setzen Sie ihn auf den Tisch,
damit ich ihn mir ansehen kann.» Achselzuckend dachte ich mir:
Nun, er ist der Boss. Ich tu mal besser, was er mir sagt.

Ich öffnete die Kiste und führte den Leoparden an seiner
Leine heraus. Das Tier schien sich ganz wohl zu fühlen und war
offenbar den Umgang mit Menschen gewöhnt. Ich raffte all meinen Mut zusammen, hob ihn hoch wie etwa einen Hund, und
setzte ihn vor Churchill auf dem Tisch ab. Der Leopard nutzte die

Gelegenheit dazu, auf sanften Pfoten auf und ab zu stolzieren und die verschiedenen Kabel zu inspizieren, an welche die Mikrophone angeschlossen waren. Mit angehaltenem Atem machte ich mich auf alle nur denkbaren Katastrophen gefasst. Churchill streckte die Hand aus, um das Tier zu streicheln, was ihm prompt einen kurzen Tatzenhieb auf den Handrücken eintrug, den er mit einem gebrummelten «Aua» quittierte.

Der Leopard, beeilte ich mich zu erklären, befinde sich in fremder Umgebung, weshalb er am besten in Ruhe gelassen werden sollte, da ich für sein Wohlverhalten nicht garantieren könne.

«Sehr wohl», brummelte Churchill. «Nun würde ich gern meinen Pudel hereinholen, um ihn Bekanntschaft mit dem Leoparden schließen zu lassen.»

Dieser Einfall hinterließ mich einigermaßen fassunglos. Mühsam stammelte ich: «Sir, Leoparden neigen dazu, Pudel zu fressen, also halte ich dies, bei allem Respekt, für keine sehr gute Idee.»

«Na, dann eben nicht», grummelte der Premierminister

Ich deutete an, es könnte nun empfehlenswert sein, den Leoparden wieder in seine Kiste einzuschließen, nur für den Fall, dass er allmählich reizbar oder unruhig würde, und Churchill willigte ein. Ich hob den Leoparden vom Tisch herunter und verstaute ihn wieder in der Kiste, was dieses artige Tier widerstandslos mit sich geschehen ließ. Ich stieß einen Seufzer der Erleichterung aus, als er glücklich wieder eingesperrt war.

Der Premierminister hatte offenbar einen Knopf unter dem Tisch betätigt, denn nun erschien ein Mann mit einem Tablett, auf dem Flaschen und Gläser standen. Noch immer sehe ich die Gläser lebhaft vor mir – sie kamen mir vor wie zwei riesige Eimer aus Kristall.

Unverzüglich goss der Bedienstete dem Premierminister zwei

Fingerbreit Brandy in sein Kristallglas. Churchill wandte sich an mich und fragte: «Whisky?»

«Gern, Sir», erwiderte ich. «Einen kleinen, bitte.» Mir war bewusst, dass es erst halb sechs Uhr nachmittags war und ich den Leoparden noch in den Zoo schaffen und meine restliche Arbeit erledigen musste. Zwei Fingerbreit reinster Scotch wurden in meinen Kristallhumpen gegossen, und der Premierminister reichte mir den Drink. Während ich das Glas einigermaßen nervös umklammert hielt, sah Churchill mich an, hob sein Glas und sagte «Cheers», um dann das Brandyglas bis auf den letzten Tropfen zu leeren.

Ich bin es nicht gewöhnt, Whisky so schnell zu trinken, überhaupt trinke ich kaum Alkohol, und schon gar nicht zu einer so frühen Stunde. Aber ich dachte mir: Runter mit dem Zeug, und denk an England! Ich bemühte mich nach Kräften, den Whisky wie ein Gentleman zu schlucken, was mir jedoch misslang, da ich ins Prusten geriet.

Meine Augen begannen zu tränen, und ich spürte, wie ich rot anlief.

Dann goss der Bedienstete dem Premierminister einen weiteren Brandy ein. Dieser wies den Mann an: «Schenken Sie ihm nach.»

Winston Churchill wandte sich mir mit boshaftem Funkeln in den Augen zu und wurde so Zeuge, wie ich dem Diener flehentlich Zeichen gab, mir nur ein winziges Tröpfchen nachzuschenken. Der Diener gab sich die allergrößte Mühe und goss mir einen winzigen Scotch ein, worauf Winston ihn jedoch barsch anfuhr: «Das ist ja für kleine Jungs. Schenken Sie ihm einen Drink für Männer ein.»

Also goss er nach, bis sich wieder zwei Fingerbreit Scotch im Glas befanden. Dann wiederholte sich die Prozedur – «Cheers. Hinter die Binde damit.» Unter Schwierigkeiten tat ich, wie geheißen, und binnen zehn Minuten war mir ziemlich schwindelig.

Der Premierminister war die Güte und Warmherzigkeit in Person und verbreitete sich über Tiere im Allgemeinen und jenen Löwen im Besonderen, den er bereits im Zoo untergebracht hatte. Ich entschuldigte mich und erklärte, dass ich den Leoparden noch in den Zoo schaffen und dort zur Nacht sicher unterbringen musste, weshalb ich mich nun, mit seiner gütigen Erlaubnis, gern verabschieden würde. Sofort gab er seine Zustimmung und erhob sich, um mir nochmals zu danken. Er geleitete mich zur Tür von Downing Street No. 10, die er mir sogar noch aufhielt, als ich mit dem Raubtier in der Kiste hinaus auf den Bürgersteig rumpelte. Nach einem letzten Lebewohl schloss er die Tür.

Ich starrte den Polizisten an der Tür an, der mich schweigend zurück anstarrte. Eins musste ich noch loswerden. «Ich sagte doch, in der Kiste befindet sich ein Leopard. Gute Nacht, Officer.»

Dann fuhr ich mit dem Leoparden in den Zoo, wo ich ihn in der Quarantänestation ablieferte.

ZU GUTER LETZT
Der Leopard wuchs zu einem wahren Pracht-exemplar heran. Er machte Winston Churchill alle Ehre.

17 Wellensittich mit Tumor

DAS KRANKENHAUS DES LONDONER ZOOS musste jederzeit auf die medizinische Versorgung aller Geschöpfe vorbereitet sein, die seiner Hilfe bedurften, mit Ausnahme natürlich von Haustieren. Wir unterhielten eine florierende Ambulanz für externe Patienten und wussten nie, mit wem wir es zu tun bekämen. Wir hatten unseren eigenen Bestand von 6000 Tieren unterschiedlichster Art, die jederzeit unserer Hilfe bedürfen konnten. Wir hatten sehr große Patienten – in der Größenordnung von Elefanten, Giraffen, Lamas –, aber auch sehr kleine, beispielsweise seltene Küchenschaben, deren Infektionen wir mit Penicillin auf Zucker kurierten. Vielfalt war die Würze unseres Lebens, und sie hielt uns ständig in Atem.

Viele kleine Vögel galt es zu behandeln, sowohl aus unserem Bestand als auch von außerhalb. Wir entwickelten spezielle Narkosetechniken und konstruierten eigens auf sie zugeschnittene Operationsbestecke. Diese bestanden aus feinen Werkzeugen, die sonst bei Eingriffen am Auge verwendet werden. Unser Puppenbesteck nannten wir es.

Wir mussten lernen, auch an winzigen Tierchen wie Mäusen und Vögeln zu operieren, bei denen höchste Eile geboten war, denn auf Berührungen reagieren sie derart furchtsam, dass mitunter der Tod eintritt. Wir ließen kleine Narkoseboxen aus Kunststoff anfertigen, in welchen man die Tiere platzieren und mit eingeleitetem Gas betäuben konnte, ohne sie anfassen zu müssen; dies war sehr erfolgreich. Nach dieser ersten Narkose konnte der Zustand mit Hilfe eines dünnen, am Gesicht des Tierchens angebrachten Röhrchens aufrechterhalten werden.

Am wichtigsten war es, sich eine möglichst effiziente Operationstechnik anzueignen. Wir erkannten bald, dass die gesamte Operationsdauer drei Minuten nicht überschreiten durfte, da Kleintiere derartigen Belastungen nicht länger gewachsen sind. Der Gebrauch winziger Skalpelle und Scheren musste eingeübt werden. In zahlreichen Fällen verzichteten wir ganz auf Stiche und verschlossen die Operationswunde mit einer gewöhnlichen Haarklammer. Eine ebenso schnelle wie wirksame Methode.

Wir stellten fest, dass Wellensittiche erfolgreich operiert werden konnten, vorausgesetzt, diese Grundregeln wurden sorgfältig beachtet. Mein OP-Team war ungeheuer diszipliniert, und wenn wir uns zu einem solchen Eingriff um den Tisch herum versammelten, legten wir vor Beginn noch eine kurze Pause ein, um ganz sicherzugehen, dass wir auch absolut einsatzbereit waren. Mein Krankenhausvorsteher, Alec Wilson, war ein prachtvoller Mensch, der nicht nur ein Händchen für Pflanzen hatte, sondern auch extrem geschickt war. Obwohl groß und kräftig, wusste er seine Finger mit schier unglaublichem Feingefühl einzusetzen. So standen wir uns also gegenüber, ich mit dem Skalpell in der Hand, er mit einem Tupfer, bis ich das Kommando «Los!» gab. Darauf führte ich den Einschnitt durch, nahm den anliegenden Eingriff vor und verschloss dann eilig die Wunde.

Mein Freund Dr. Scales vom *Royal National Orthopaedic Hospital* rief mich eines Tages an. Bei einer Verwandten von ihm – einer in Devonshire lebenden Dame – hatte sich am Oberschenkelknochen ein Tumor gebildet. Eine über längere Zeit erfolgte Behandlung hatte keine Besserung bewirkt, und das Bein musste leider amputiert werden. Wie die meisten Menschen, die eine Amputation über sich ergehen lassen müssen, fing sie sich rasch wieder und erlernte mit großem Eifer den Gebrauch ihrer Prothese. Am Schluss war sogar kaum mehr zu erkennen, dass sie ein künstliches Bein hatte, zumal wenn sie Hosen trug.

Sie kehrte in ihr Haus nach Devonshire zurück, das sie ganz allein mit ihrem kleinen Wellensittich bewohnte. Dieser Vogel war ihr einziger Gefährte, und über zwei oder drei Jahre hinweg hatte er solches Sprachtalent entwickelt, dass er sich mit ihr auf bemerkenswerte Weise zu verständigen vermochte. Er beherrschte die üblichen Phrasen, seinen Namen und seine Adresse, die er unablässig zu wiederholen pflegte. Ein äußerst liebenswerter kleiner Geselle. Bei ihrer Heimkehr war seine Eigentümerin so stolz auf ihre Prothese, dass sie ihren Wellensittich gesprächsweise des Öfteren fragte: «Möchtest du mal meine Narbe sehen? Möchtest du?» Im Handumdrehen hatte der Wellensittich den Satz erlernt und trug damit zur Erheiterung von Besuchern bei.

Eines Tages fiel der Dame an Brust und Bauch des Wellensittichs eine dicke Schwellung ins Auge. Eine ganze Zeit lang war sie unterm Gefieder verborgen geblieben, bis sie auf einmal sichtbar hervortrat. Die Dame war tief beunruhigt; sie war überzeugt, den Vogel mit ihrem Krebs angesteckt zu haben, was natürlich Unsinn war, doch der Gedanke erschütterte sie gleichwohl so sehr, dass sie bei ihren Verwandten, den Scales, anrief, um ihnen das Problem unter Schluchzen zu schildern.

Darauf rief mein Freund mich an, und ich veranlasste unverzüglich, dass der Vogel aus Devon geholt und in die Zooklinik eingeliefert wurde. Bei der Untersuchung des Wellensittichs stellte ich fest, dass sich unter seiner Bauchdecke eine große Fettgeschwulst gebildet hatte. Nur eine Operation konnte hier Abhilfe schaffen.

Mein Freund meinte: «So ein winziges Tier kann man doch unmöglich operieren?» Er war natürlich gewohnt, an menschlichen Gliedmaßen zu operieren, in die er Nägel und andere Stahlteile einfügte.

166

«Und ob wir das können. Das praktizieren wir schon seit längerem und haben inzwischen ziemlich viel Übung darin.»

Der Vogel blieb bei uns, und wir setzten ihn in einer unserer kleinen Boxen unter Narkose. Dann entfernten wir ihm die Federn an Brust und Bauch, um operieren zu können. Die Operation ging sehr zügig vonstatten und war ein voller Erfolg. Zurück blieb nur eine kleine Naht an der Brust, die uns in diesem Fall, in Anbetracht der Größe der entfernten Geschwulst, zweckmäßig erschien.

Ich rief die besorgten Verwandten an, um ihnen über den zufrieden stellenden Verlauf der Operation und die Entfernung der Fettgeschwulst zu berichten, und außerdem konnte ich bekannt geben, dass der Patient schon wieder ganz munter auf seiner Stange saß. Man nahm dies mit Staunen und Erleichterung auf. Allerdings, betonte ich, müsse das Tier noch zwei oder drei Wochen im Krankenhaus bleiben, bis wir die Fäden ziehen konnten, doch Infektionsgefahr bestehe nun nicht mehr.

Drei Wochen später fand sich mein Freund zum vereinbarten Zeitpunkt ein, um den Vogel für seine Verwandte abzuholen. Ich beschloss, ihn ein wenig auf den Arm zu nehmen.

Er staunte: «Ich kann immer noch nicht glauben, dass ihr an so kleinen Geschöpfen operiert; das kommt mir vor wie Zauberei.»

Ich konnte der Versuchung nicht widerstehen und sagte: «Du

glaubst doch nicht im Ernst, dass wir solche Tierchen wirklich operieren, oder?»

Ganz erstaunt erwiderte er: «Ja, wie ist es dann möglich, dass wir den Vogel zurückbekommen?»

«Ganz einfach», sagte ich. «Hinterm Hospital haben wir eine Voliere mit tausend Wellensittichen in allen möglichen Farben und Schattierungen. Wenn wir mit so einem Problem zu tun bekommen, warten wir einfach drei Wochen und händigen dann einen Ersatzvogel aus, der bis dahin alle Sätze gelernt hat, die der Originalvogel draufhatte.»

Das schluckte er. Dieses Märchen erschien ihm so glaubhaft, dass ich ihn nicht mehr davon abbringen konnte.

Die Geschichte ging allerdings glücklich aus. Der Vogel kehrte heim nach Devon, zur Freude und zum Entzücken seiner Besitzerin, und den Satz «Möchtest du mal meine Narbe sehen? Möchtest du?» beherrschte er ja schon. Nun konnte er ihn natürlich auch in eigener Sache einsetzen!

ZU GUTER LETZT

*Der Arzt, der die Dame operiert hatte, suchte
sie während eines Aufenthalts in Devon auf, um zu
sehen, wie sie mit ihrer Prothese zurechtkam.
Er wurde in den Salon geführt, in dem auch der
Käfig mit dem kleinen Wellensittich stand.
Ganz in den Anblick der landschaftlichen
Schönheiten von Devonshire vertieft und ohne
sich der Gegenwart des Vogels bewusst zu sein,
hörte er plötzlich eine Stimme leise fragen: «Möchtest du mal meine Narbe sehen? Möchtest du?» In
der Überzeugung, es müsse spuken, flüchtete er eilends
aus dem Raum, traf draußen auf seine Patientin und
stammelte: «Ich habe gerade ein Gespenst gehört!»*

18 Ein Pelikan im Kriegsministerium

WER DIE TEICHE IM ST. JAMES'S PARK KENNT, hat vielleicht schon einmal die so genannten königlichen Pelikane gesehen, die dort zu bewundern sind. Die Königsfamilie hat von jeher ein Faible für Pelikane und erfreut sich gern am Anblick dieser majestätisch durchs Wasser dahingleitenden Vögel mit ihren ungewöhnlich voluminösen, beutelartigen Unterschnäbeln. Immer wieder ist es ein hochdramatisches Schauspiel, wenn einer der Vögel das Wasser verlässt, auf einen der Felsen watschelt und seine mächtigen Flügel im Sonnenschein ausbreitet. Dieses Sonnenbad dient nicht nur der Gefiederpflege, sondern spielt auch eine wichtige Rolle für den Stoffwechselprozess im Körper, bei dem Vitamine aufgenommen werden. Wenn mehrere Vögel zur selben Zeit mit gespreizten Flügeln sonnenbaden, bieten sie einen äußerst reizvollen und großartigen Anblick.

Es stellt sich jedoch ein Problem. Aufgrund ihrer enormen Flügelspannweite bekommen Pelikane ungeheuren Auftrieb, und wenn sie bei starkem Wind auch nur die Flügel ausbreiten, können sie ohne weiteres abheben und davonfliegen. Im St. James's Park wird dies nicht gewünscht, und viele Jahre lang war der Zoo deshalb mit der Aufgabe betraut, den Vögeln je einen Flügel zu stutzen.

Das Königshaus meldete zu dieser Praxis schwere Bedenken an, und man war, wie ich höre, bestürzt über den Anblick der auf diese Weise verkürzten Flügel. Besonders deutlich trat dieser natürlich zutage, wenn die Vögel ihre Flügel zum Sonnenbaden ausbreiteten. Von höchster Stelle wurde angefragt, ob hier nicht eine alternative Lösung zu finden sei.

Es gibt eine alternative Lösung, aber sie wird nicht sehr oft praktiziert, da es wesentlich einfacher ist, den Vögeln im Kükenalter die Flügel zu stutzen. Die Alternative besteht darin, Teile von einer oder zwei Extensorsehnen an der Außenseite des Flügels zu entfernen – diese ähneln den Sehnen, die auf dem Handrücken hervortreten, wenn man die Finger auf und ab bewegt. Zugrunde liegt die Idee, die Sehne ein Stück zu kürzen, damit der Vogel nicht mehr in der Lage ist, sich dem Wind entgegenzustürzen und so in die Lüfte abzuheben. So sind Pelikane theoretisch flugunfähig, ohne dass eine äußerliche Verstümmelung zu sehen ist. Man einigte sich auf dieses Vorgehen, und unter Narkose wurden mehrere Vögel diesem Eingriff unterzogen. Sie erholten sich im Nu davon und konnten wieder zurück in den St. James's Park.

Damit waren alle hochzufrieden, denn wenn die Vögel sich mit ausgespreizten Flügeln sonnten, war nicht die Spur einer Verstümmelung oder anatomischen Abweichung zu erkennen. Wir waren ziemlich stolz und klopften uns im Stillen auf die Schulter dafür, die ungewöhnliche Aufgabe so geschickt gelöst zu haben.

Unsere Freude war jedoch von vergleichsweise kurzer Dauer. Ein Mini-Wirbelwind, wie er zwischen den hohen Gebäuden in London durch plötzliche Windböen entstehen kann, erreichte den St. James's Park. Sämtliches Laub und sogar Abfalleimer wurden herumgewirbelt, alles Mögliche flog wild umher. Zwei Pelikane hoben in dem Wind ab und schwebten majestätisch hinauf in die Lüfte, wo sie ihre Kreise um Baumwipfel herum zogen. Dem ersten ging bald die Puste aus, und er legte mitten auf dem Birdcage Walk eine erstklassige Bruchlandung hin, zur großen Verblüffung des dort fließenden Verkehrs. Zum Glück war er unversehrt und watschelte zu dem Teich zurück, aus dem er gekommen war.

Der andere Vogel flog etwas höher und wurde von einem tückischen Seitenwind erfasst, der ihn weiter hinauf und quer über die Horseguards Parade hinwegtrug. Er verlor völlig die Kontrolle, flatterte und steuerte mit Hilfe eines Abwinds das nächstgelegene Gebäude an, was zufällig das War Office war, das Kriegsministerium. Dort krachte er durch eine große Fensterfront und unterbrach so eine Sitzung von Stabschefs verschiedener Nationen. Man stelle sich diesen Schrecken vor: ein riesiger Pelikan, der durch die Fenster kracht und vor den Augen der entsetzten Herren auf einem Tisch bruchlandet. Fürchterliches Getümmel und aufgeregtes Stimmengewirr in verschiedenen Sprachen waren die Folge.

Der Zoo wurde angerufen und aufgefordert, den Vogel auf der Stelle zu entfernen und zu prüfen, was bei der Operation schief gelaufen war, die seine Flugunfähigkeit hatte sicherstellen sollen.

Letzten Endes war die außerordentliche Windstärke an diesem Tag schuld an dem Vorfall, aber wir hatten nicht bedacht, dass auch die durchtrennten Sehnenenden sich wieder an die Knochen anlagern und eine vergleichbare Kraft entwickeln konnten wie vor dem Eingriff. Dies war hier geschehen.

ZU GUTER LETZT

Ob der Vorfall etwa Auswirkungen auf die internationale Politik hatte, entzieht sich meiner Kenntnis, doch in der Folgezeit wurden die Sicherheitsvorkehrungen gegen Flugkörper verstärkt. Der luftakrobatische Pelikan überstand seine Bruchlandung glimpflich und wurde zurück auf die Insel im St. James's Park gebracht, wo er bald wieder die Flügel zum Sonnenbad spreizte.

19 Löwe im Haus

DIE HAUPTVERWALTUNG DES LONDONER ZOOS ist in einem höchst imposanten Gebäude im georgianischen Stil mit Portikus untergebracht, dem man sich, vom Outer Circle im Regent's Park kommend, über eine elegant halbrund geschwungene Auffahrt nähert. Gleich beim Betreten der eindrucksvollen Halle hat man vis-à-vis den berühmten Sitzungssaal der Zoogesellschaft vor sich. Der Eingang wird von zwei mächtigen, senkrecht aufgestellten Stoßzähnen bewacht, erbeutet vor mehr als hundert Jahren, noch bevor die Elfenbeinjagd verboten wurde. Am Empfang taten immer zwei oder drei Mitarbeiter Dienst, darunter Sarge, ein zwei Meter großer ehemaliger Gardist, der jeden schon durch seine bloße Gegenwart einschüchterte.

Mein Büro befand sich auf der rechten Seite, so weit wie möglich vom Haupteingang entfernt. Es hatte zwei Türen, die eine führte zu meiner Sekretärin, die andere ins Büro des Vorstehers. Die Fenster in meinem Rücken gingen aufs Kanalufer hinaus.

Durch die Pforten zu diesem Paradies voll Würde und Stille, über das Sarge am Empfangsschalter wachte, kam eines Tages ein

großer männlicher Löwe – ein prachtvolles Tier – geschritten, an
der Leine geführt von einem Mann, der zu Sarge an die Theke
trat und darum bat, den Tierarzt sehen zu dürfen. Eine gerade
des Weges kommende Sekretärin trat hastig die Flucht zurück in
ihr Büro an, und binnen Sekunden verbreitete sich im gesamten
Gebäude die atemberaubende Kunde, dass in der Eingangshalle
ein Löwe herumspaziere. Sarge griff langsam zum Hörer seines
internen Telefons und wählte die 19 – meine Nummer. Seine
sonst so kräftige, militärisch durchdringende Stimme klang ganz
hoch und piepsig, als er mir mitteilte: «Sir, in der Eingangshalle
steht ein Löwe und wünscht Sie zu sehen.»

Stille hatte sich über das gesamte Gebäude gesenkt; niemand
rührte sich oder schien auch nur zu atmen. Nach außen hin um
einen ruhigen Anschein bemüht, verließ ich mein Büro, schritt
den Korridor hinab zur Halle und sah mich dort, als ich um die
Ecke bog, einem riesenhaften Löwen mit üppiger Mähne gegenüber. Ich blieb stehen und wagte mich nicht zu rühren. Der Begleiter des Löwen rief: «Er ist ganz zahm, Sir. Er tut Ihnen
nichts.»

Beruhigt ging ich auf den Mann zu und sagte mit bebender,
leicht nervöser Stimme: «Was, zum Teufel, fällt Ihnen ein, einfach
so mit einem Löwen hier hereinzuspazieren?»

«Er ist krank, Sir. Er verweigert die Arbeit.»

«Wo arbeitet er denn?»

«In Elstree, Sir. Er wirkt in einem Film mit, und da er nicht arbeitet, hat man die Dreharbeiten unterbrochen, was jeden Tag Tausende von Pfund kostet, und aus dem Grund hat man mich mit ihm hergeschickt.»

Ich war verblüfft und fragte ihn, wie er hergekommen sei.

«Kein Problem», sagte der Mann. «Ich hab ihn einfach hinten in meinen Bedford-Lieferwagen gepackt und bin hergefahren, um Sie aufzusuchen.»

Inzwischen stand selbst Sarge stocksteif in Habtachtstellung da und wagte kaum Luft zu holen; mein Herz raste mit gut 180 Schlägen pro Minute, meine Handflächen waren schweißnass. Barsch forderte ich den Mann auf, den Löwen wieder im Lieferwagen zu verstauen, dann würde ich mit ihm zur Tierklinik fahren.

So landete ich schließlich auf dem Beifahrersitz eines alten Bedford-Lieferwagens, mit einem Löwenbändiger am Steuer und einem riesenhaften, zahmen Löwen auf dem Rücksitz, dessen Atem mir von hinten ins Genick schlug.

In der Klinik versicherte mir der Betreuer abermals, dass der Löwe lammfromm sei, nachdem wir ihn zuvor sicher in einem großen Metallgitterkäfig untergebracht hatten. Woher er wisse, dass das Tier krank sei, fragte ich den Mann.

«Ganz einfach», sagte er. «Er will nicht angreifen.»

«Er will nicht angreifen?», hakte ich nach.

«Ja, Sir. Er greift einfach nicht an. Er legt sich bloß hin und brummt und grollt und wimmert. Auch fressen will er nicht, und er jammert die ganze Zeit.»

Eine Untersuchung des Raubtiers war unumgänglich, das wurde mir klar, und wieder versicherte mir der Betreuer, dass er extrem zahm und wie ein Hund abgerichtet sei. Ich bat ihn, den Löwen zum Hinlegen zu bewegen; gesagt, getan, und das Tier leistete brav Folge. Auf Händen und Knien tastete ich den mächtigen Bauch des Löwen ab, wobei ich im Stillen ein Stoßgebet nach dem anderen zum Himmel schickte. Ich machte eine schmerzende Stelle ausfindig, die, wenn ich dagegen drückte, ein Grollen hervorrief. Sie befand sich im Bereich der unteren Därme. Ich bat den Trainer, das Tier aufstehen und sich auf die andere Seite legen zu lassen; wieder gehorchte es anstandslos. Erstaunlich! Beim Abtasten der anderen Seite stieß ich auf dasselbe Problem; der Löwe litt offenbar unter einer Verstopfung der Därme, die sofortiger Abhilfe bedurfte.

Ich wies den Betreuer an, das Tier aufstehen zu lassen und seinen Kopf festzuhalten, während ich dem Löwen hinten die Temperatur nahm. Ich tippte auf einen Virus oder eine Infektion als Ursache. Ob ein Tier Fieber hat, wird gewöhnlich mit einem in den After eingeführten Thermometer geprüft. Also umfasste ich mit der Linken den Schweif des Löwen an der Wurzel und führte vorsichtig das Thermometer ein. Das missfiel ihm sehr. So sehr, dass er sich in Trab setzte, den Betreuer vor sich und mich im Schlepptau, krampfhaft an seinen Schwanz geklammert und ängstlich bemüht, mein kostbares Thermometer nicht aus den Augen zu verlieren. Auf die Weise legten wir in dem geräumigen Käfig ein paar Runden zurück, und der Löwe blieb erst wieder stehen, nachdem ich das Thermometer entfernt hatte. Vermutlich empfand er die Prozedur als kränkend und entwürdigend. Seine Temperatur betrug 40,5 °Celsius. Kein nennenswertes Fieber, falls er überhaupt welches hatte, denn seine Temperatur mochte allein durch das Herumrennen im Käfig gestiegen sein.

Ich erklärte dem Trainer, dass der Löwe unter Verstopfung leide und sich wahrscheinlich große Mengen Darminhalt angestaut hatten, die nun so rasch wie möglich ausgeschieden werden müssten, damit er sich erholen und wieder arbeiten konnte. Ich verabreichte dem Löwen ein stark abführendes Mittel per Injektion, das, so warnte ich den Mann, möglicherweise bereits wirken könnte, bevor er Elstree erreichte. Dazu gab ich ihm noch ein Abführmittel mit, zur Beimischung in die Milch, die er dem Löwen seinen Worten zufolge einfach so in den Rachen kippte. Inzwischen glaubte ich alles! Der Trainer verfrachtete den Löwen wieder in den Bedford-Lieferwagen und raste los Richtung Elstree. Er versprach mir, mich über alles Weitere auf dem Laufenden zu halten.

Am nächsten Tag erhielt ich noch keinen Anruf, dafür achtundvierzig Stunden später. Der Mann sagte: «Möchten Sie erst die guten oder die schlechten Neuigkeiten hören?»

Ich sagte: «In Gottes Namen, erzählen Sie mir erst die guten.»

«Nun», sagte er, «es geht ihm viel besser. Er frisst wieder, und ich darf Ihnen die freudige Mitteilung machen, dass er heute angegriffen hat.»

«Wen oder was angegriffen?», fragte ich.

«Oh, wir haben so eine Art Dummy, auf den er sich im Film

stürzt. Jetzt, wo er wieder angreift, können die Dreharbeiten weitergehen.»

Ich sagte: «So weit also die guten Neuigkeiten, was ist mit den schlechten?»

«Die schlechte Neuigkeit ist, dass die Spritze, die Sie ihm verpasst haben, auf halbem Weg nach Elstree zu wirken begonnen hat und er sich über den gesamten Lieferwagen entleert hat, über sich selbst und teils auch über mich und die Vordersitze. Sehr wirksames Zeug, Ihre Injektion.» Er klang leicht verbittert. «Ist Ihnen klar, dass ich den ganzen gestrigen Tag damit verbracht habe, den Lieferwagen und den Löwen zu säubern, damit er gefilmt werden konnte? Die Techniker drohten damit, in Streik zu treten, falls der Geruch des Löwen nicht etwas gemildert würde.»

ZU GUTER LETZT
Der Löwe erholte sich, und die Dreharbeiten
konnten normal weitergehen, aber von Freikarten
für mich war nie die Rede!

20 Der Leistenbruch des Gorillas

IN DER ANFANGSZEIT DER NEUEN ZOOKLINIK im Londoner Zoo musste eine Vielzahl von Verhaltensregeln und Vorschriften festgesetzt werden, die es zu beachten galt. Eine Reihe grundlegender Sicherheitsvorkehrungen diente dem Schutz der Mitarbeiter, da wir jederzeit auf alle nur denkbaren Patienten eingestellt sein mussten, auf Tiger oder Mäuse. Ich ließ stählerne Schiebetüren konstruieren, gesichert durch Stahlriegel, die mit Hilfe von Stahlkabeln hinauf- oder hinabbewegt wurden. Jeden Tag wurde neu festgelegt, ob die Riegel, und zwar mit Hilfe von Vorhängeschlössern, in geöffneter oder geschlossener Position fixiert wurden, damit kein Tier diese Position durch Gezerre an der Tür verändern konnte. Derartige Vorsichtsmaßnahmen waren von höchster Wichtigkeit.

Neben den Regeln und Vorschriften im Hinblick auf Gesundheit, Hygiene und Sicherheit gab es noch weitere Regeln. So war das Personal zum Beispiel angewiesen, während der Arbeitszeit in den Krankenhausfluren oder anderen Bereichen, wo sich Tiere befinden konnten, stets vollständige Schutzkleidung und Mundschutz zu tragen. Von manchen wurde dies als unnötig kritisiert, allerdings sehr zu Unrecht. Damals, ja, selbst heute noch, wusste niemand auch nur das Geringste von den seltsamen Krankheiten, die von Tieren aus fernen Ländern über Ausscheidungen oder Husten übertragen werden mochten. Um mein Personal zu schützen, bestand ich auf vollständiger Schutzkleidung und Gesichtsmasken. Andere Forschungseinrichtungen, die mit Affen zu tun hatten, folgten meinem Beispiel und statteten ihre Angestellten sogar mit einer Art «Weltraumhelmen» aus, um jede Infektionsgefahr durch hustende Affen für sie auszuschließen. Den Vorwurf der Pedanterie nehme ich dafür gern in Kauf.

Eine weitere Regel betraf die Inanspruchnahme der Klinik von außen. Kaum hatte sich die Existenz des Krankenhauses herumgesprochen, brach eine Flut von Anfragen über uns herein: Zahlreiche Menschen baten uns um Beistand für ihre kranken Tiere.

Zu jener Zeit verfügten wir noch nicht über Einrichtungen für externe Patienten, und Solly Zuckerman aus dem Vorstand der Zoogesellschaft wies mich streng an, unter gar keinen Umständen Tiere von außerhalb im Krankenhaus aufzunehmen, egal, zu welchem Zweck, und schon gar nicht für chirurgische Eingriffe. Ich war mit dieser gnadenlosen Einschränkung keineswegs einverstanden, musste mich ihr aber gleichwohl beugen. Zur genauen Regelung wurden mir sogar schriftliche Instruktionen vorgelegt. Zu meiner Überraschung erhielt ich trotzdem eines Tages einen Brief von einer Dame, die sich bei einem berühmten Zoo um junge Gorillas kümmerte. Sie bat mich um die Untersuchung und Behandlung eines jungen Gorillas, der an einem Leistenbruch litt. Brieflich setzte ich die Dame davon in Kenntnis, dass ich ihr leider nicht helfen könne, da mir der Vorsitzende der Zoogesellschaft die Behandlung externer Tierpatienten untersagt habe. Ein paar Tage nach Absendung meines Schreibens erreichte mich ein wütender Anruf des Vorsitzenden, der mir befahl, den Gorilla zu untersuchen und, falls erforderlich, zu operieren. Dem kam ich bereitwillig nach, hätte aber zu gern gewusst, woher dieser jähe Sinneswandel rührte.

Weisungsgemäß vereinbarte ich also mit der Dame einen Termin im Krankenhaus. Man stelle sich meine Überraschung vor, als vor dem Krankenhauseingang ein riesiger Rolls-Royce vorfuhr, ohne dass ein Fahrer zu entdecken war. Der Chauffeur – er entpuppte sich als sehr klein gewachsener Mann, der beim Fahren auf einem Kissen thronte und durch die Speichen des Lenkrads spähte – hopste heraus. Dann eilte er auf die andere Wagenseite und öffnete den Schlag. Zu unserer Verblüffung trug die aussteigende Dame einen halbwüchsigen Gorilla im Arm. Sie versicherte mir, der Gorilla sei gutartig, und bestätigte, dass sie sich in der Tat um eine ganze Anzahl von Jungtieren kümmere und mit ihnen gemeinsam zu speisen pflege. Nervös erkundigte ich mich, wo genau sie sie in ihrem Haus untergebracht habe und, insbesondere, wo die Tiere denn schliefen?

«Kein Problem», erwiderte die Dame. «Sie schlafen bei mir im Bett.» Ich erinnere mich lebhaft, wie darauf meine damalige Sekretärin, eine reizende junge Frau namens Mary Stanford, über und über errötete und mit ihrem Notizblock in der Hand die Flucht ergriff. Da ich nun mit dem Krankenhausvorsteher, der Dame und dem Gorilla allein war, machte ich mir notgedrungen selbst ein paar Notizen.

Der Gorilla wurde zwecks genauerer Untersuchung und einer Reihe von Tests im Vorfeld der Operation ins Krankenhaus aufgenommen. Mir war es wichtig, mich davon zu überzeugen, dass die Gesundheit des Tiers stabil genug war, solch einen chirurgischen Eingriff zu überstehen. Dies bedeutete tagelange Rachenabstriche, Blutabnahmen, Stuhl- und Urinuntersuchungen sowie Röntgenaufnahmen.

In der Zwischenzeit rief ich aus Nervosität darüber, einen so menschenähnlichen Patienten wie einen Gorilla operieren zu müssen, bei einem meiner Kollegen an, Mr. Atwill, der im *Great Ormond Street Hospital for Children* praktizierte. Wie alle meine Freunde aus der Ärztezunft zeigte er sich extrem kooperativ und hilfsbereit und bot mir an, den Patienten zu untersuchen. Seiner Einschätzung nach stellte der Eingriff kein besonderes Problem dar, vorausgesetzt, ich könnte für eine angemessene Narkose sorgen. Bei der Operation würde er mir dann auf der anderen Seite des OP-Tisches assistieren.

Am vereinbarten Tag traf er frühzeitig ein. Zu diesem Zeitpunkt hatte der Gorilla eine Vornarkose erhalten und war ruhig und schläfrig. Ich schob ihm einen Schlauch die Luftröhre hinab bis in die Lunge und schloss ihn ans Narkosegerät an, um eine gründliche Betäubung zu gewährleisten. Nach Säuberung und Vorbereitung der Eingriffsstelle kehrten wir, sauber geschrubbt und im grünen Kittel, in den OP zurück, um mit der Operation zu beginnen. Es war eine wahre Freude, mit anzusehen, wie geschickt mein Kollege war. Er meinte: «Das ist genau wie eine Operation an einem Kind; abgesehen von der stärkeren Behaarung gibt es keinerlei Unterschied.»

Die Operation verlief erfolgreich, und zum Schluss erhielt das Tier eine Reihe von Stichen quer über den Nabel. Zu diesem Zeitpunkt war der Patient immer noch bewusstlos. Wir beratschlagten, wie wir den Gorilla daran hindern könnten, an seinen Stichen herumzuzupfen. Versuchten wir es mit einem Verband über der Wunde, das sah ich kommen, würde der Gorilla ihn abreißen. Auch Klebeband würde er in stundenlanger Kleinarbeit abknibbeln, zusammen mit den Fäden. Und so beratschlagten wir weiter.

Am Ende beschloss ich, unsere Intelligenz der des Gorillas anzupassen. Ich verpasste ihm am linken Fuß einen Gipsverband bis hoch ans Knie, fixierte ihn mit reichlich Kupferdraht, legte darüber eine weitere Gipsschicht und umwickelte das Ganze dann noch mit selbstklebenden elastischen Bandagen, bis er einen gewaltigen Klumpfuß hatte.

Es war ein amüsantes Spektakel, zu beobachten, wie der Gorilla vier Tage lang verzweifelt versuchte, das Zeug von seinem Fuß zu bekommen, ohne seiner Wunde am Bauch die geringste Beachtung zu schenken. Als er schlussendlich den ganzen Klimbim von seinem Fuß entfernt hatte und merkte, dass er hereingelegt worden war, war die Wunde an seinem Bauch verheilt, und wir konnten die Fäden ziehen. Der Gorilla erholte sich vollständig, kehrte nach Hause zurück und wuchs heran, um im Erwachsenenalter selbst Vater einer Reihe kleiner Gorillas zu werden.

ZU GUTER LETZT

Nach einiger Zeit gewann die Vernunft doch noch die Oberhand, und ich vermochte die Zoogesellschaft von der Notwendigkeit einer Abteilung für externe Patienten zu überzeugen, um bei Bedarf in solchen und ähnlichen Notfällen helfen zu können. Diese Abteilung des Hospitals erfreute sich in der Folgezeit größter Beliebtheit.

21 Beruhigungsmittel für Fifi

FIFI, EINE FLUSSPFERDKUH von beeindruckender Größe, lebte im Flusspferdesee des Londoner Zoos. Dort fühlte sie sich pudelwohl und suhlte sich nach Herzenslust in dem ihrer Ansicht nach herrlichen Schlamm. Da meine Wohnung im Zoo zwischen dem Flusspferd und den Seehunden lag, war ich nicht immer glücklich über ihren Schlamm, zumal wenn der Wind in meine Richtung wehte. Es wurde beschlossen, Fifi in den Tierpark von Whipsnade zu verlegen, wo sie einen männlichen Gefährten namens Neville vorfinden und, so die stille Hoffnung aller, in der Folgezeit Nachwuchs bekommen würde – immer ein großer Publikumsmagnet. Fifis Reise nach Whipsnade verlief ohne besondere Vorkommnisse, und so fand sie sich schließlich in einem großen Bassin im Whipsnade Park wieder, direkt neben dem Bassin, in dem ihr künftiger Gefährte Neville lebte.

Nach einer Phase der Eingewöhnung, während deren sie ihren Nachbarn etwas kennen lernen konnte, wurden die beiden Tiere zusammengelegt. Eine ganze Zeit lang wurde viel geprustet und geplanscht, aber nach viel Gebrüll und Quietschen und Röhren schienen sie sich letzten Endes doch angefreundet zu haben. Hin und wieder konnte man sie bei heftigem Liebeswerben beobachten, und jedermann hoffte inständig, dass Fifi bald schwanger würde.

Allein, die normalerweise recht ausgeglichene Fifi wurde auf einmal neurotisch, ließ Anzeichen ausgeprägter Hysterie und einen Hang zur Gewalttätigkeit erkennen. Den Pflegern fiel dies auf, weil Fifi sie bei der Fütterung nicht mehr freundlich empfing, sondern unter Gebrüll auf sie losging und Angst und Schrecken verbreitete. Diese Veränderung ihres Temperaments und spätere Zurückweisung Nevilles legten die Vermutung einer Schwangerschaft nahe. Dem war auch so, wie sich im Folgenden erwies.

Frauen können während der Schwangerschaft zuweilen untypische Verhaltensweisen entwickeln und rätselhafte Gelüste auf ungewöhnliche Speisen entwickeln. Fifi dagegen wurde schlicht aggressiv und unberechenbar. Neville, so wurde beschlossen, sollte besser verlegt werden; Fifi wurde ihm gegenüber derart aggressiv, dass wir fürchteten, sie könnte ihn ernstlich verletzen. Fifi reagierte, nach einem kuriosen weiblichen Sinneswandel, nur noch aggressiver und zerlegte vor Kummer über die Trennung von Neville praktisch ihre ganze Unterkunft. Nun war guter Rat teuer! Neville wurde ihr also wieder zugesellt, um sie zu beruhigen, aber er erreichte nur das Gegenteil, sie attackierte ihn mit

solcher Vehemenz, dass er dabei verletzt wurde und von neuem von ihr getrennt werden musste. Im Hinblick auf die bevorstehende Niederkunft, zu dieser Einsicht kamen wir übereinstimmend, war es dringend geboten, Fifi ruhig zu stellen.

Nirgends war Literatur aufzutreiben, der ein einsamer Tierarzt hätte entnehmen können, welche Dosierung und Art der

Anwendung von Beruhigungsmitteln bei einem Flusspferd zu empfehlen waren. Fifis Gewicht schätzten wir auf etwa zwei Tonnen, vielleicht sogar etwas mehr, also gaben wir ihr täglich eine Dosis eines Präparats namens *Promazin Hydrochlorid* – und zwar die fünfzigfache Menge einer menschlichen Dosis. Wir mengten das Mittel unter Fifis Abendessen, und die Wirkung grenzte an ein Wunder; sie wurde ruhiger und auch wieder umgänglicher. Das Risiko allerdings, Neville wieder mit ihr zusammenzulegen, gingen wir nicht ein, da uns dazu ihre Niederkunft bereits zu unmittelbar bevorzustehen schien.

Zu bestimmen, wann bei einer riesigen, zwei Tonnen schweren Flusspferdkuh die Wehen einsetzen, ist schwierig, ebenso wie den genauen Zeitpunkt der Niederkunft vorauszusagen. Am Ende brachte sie ihr Junges bei Nacht zur Welt, unter den Augen einer Infrarotkamera, und entpuppte sich in der Folge als vorbildliche Mutter.

Nach der Geburt des Jungen wurde sie jedoch leider gewalttätig und aggressiv wie zuvor und unternahm blindwütige Attacken auf die Pfleger und ihre Unterkunft. Von neuem erhielt sie das Beruhigungsmittel, und die Aufzucht des Jungtiers ging ohne weitere Vorfälle vonstatten. In den nächsten sechs Wochen wurde sie mit dem Kleinen im Innengehege gehalten, in dem ihnen ein Bassin zur Verfügung stand, und das Junge trank oft am Gesäuge der Mutter.

Schließlich setzten wir sämtliche ihrem Futter zugesetzten Beruhigungsmittel ab und trafen Vorkehrungen dafür, Mutter und Kind in den Außensee zu lassen, damit sie dort herumschwimmen und vom Publikum bestaunt werden konnten. Am vorbestimmten Tag wurden frühmorgens die Tore geöffnet, und zur allgemeinen Verblüffung führte Fifi ihr Kleines ans Wasser und ließ sich, ganz die stolze Mutter, still hineingleiten. Neville, der Vater, hielt sich in der Nähe auf und kam angeschwommen, wobei er großes Interesse an seinem Nachwuchs erkennen ließ. Mit Argusaugen wachte Fifi darüber, dass ihr Gatte ihrem kostbaren Jungen nicht zu nahe kam oder sonst wie Ärger stiftete, aber davon abgesehen bildeten sie ein ausgesprochen harmonisches Familientableau.

ZU GUTER LETZT

Das Leben als Ehefrau und Mutter hatte auf Fifi allem Anschein nach dieselbe Wirkung wie ein Beruhigungsmittel. Sie brauchte fortan keine Medikamente mehr in ihrem Futter.

22

Die Maus aus Cornwall

IM LAUFE MEINES ABENTEUERLICHEN LEBENS als leitender hauptamtlicher Veterinär des Londoner Zoos konnte ich einzigartige und umfassende Erfahrungen auf dem Gebiet tiermedizinischer Probleme bei nicht domestizierten Tieren sammeln. Die zu betreuende Schar von Patienten war kunterbunt und reichte von einer seltenen Schabe mit Halsentzündung, die wir mit einem Penicillin-Zucker-Gemisch kurierten, bis hin zu riesigen Elefanten und anderen großen Säugetieren. Der Zoo beherbergte alle möglichen Lebewesen – Vögel, Fische, Insekten, Reptilien und Vierbeiner in allen Größen und Formen –, die an unterschiedlichsten Beschwerden litten und sämtlich individueller Behandlung bedurften.

Kein Wunder also, dass so manch niedergelassener Tierarzt sich Rat suchend an den Londoner Zoo wandte, wenn er es in seiner Praxis mit Exoten zu tun bekam, über die normale Lehrbücher sich ausschwiegen, Schlangen, Pottos, Riesengalagos oder Krallenäffchen etwa, die sich als Haustiere stetig zunehmender Beliebtheit erfreuten. Diese Entwicklung ging vermutlich auf die frühe Fernsehreihe zurück, die der damalige Vorsitzende George Cansdale über den Zoo gedreht hatte.

Die Belastung durch eingehende Anfragen nahm so zu, dass die täglich davon beanspruchte Arbeitszeit den vertretbaren Rahmen zu sprengen begann. Durch die im neuen Zookrankenhaus eingerichtete Abteilung für externe Patienten wurde das Problem gelöst. Dorthin konnten Tierärzte Fälle an mich überweisen, mit denen sie sich selbst überfordert sahen. Das System bewährte sich ausgezeichnet und wurde viel genutzt. Selten, dass wir es morgens mit weniger als vier oder fünf überwiesenen Fällen zu tun bekamen. Die Bandbreite war groß; einmal durften wir entzückt eine Schlangenbeschwörerin begrüßen, die ihre Schlangen im Palladium-Varieté in einem geräumigen Weidenkorb gehalten hatte, bis diese durch das elektrische Heizkissen im Korb Verbrennungen erlitten. Im Hospital wurden sie völlig gesund gepflegt und konnten darauf ihre Arbeit mit der Beschwörerin wieder aufnehmen. Viele Kinder brachten uns ihre Haustiere vorbei; meist befanden sie sich in heller Aufregung und Angst, weil sie nicht sicher waren, dass ihr Tier von uns auch behandelt würde.

Als ich also eines Tages auf dem Weg in die OP-Verwaltung durch die Eingangshalle der neuen Klinik schritt, bemerkte ich einen Vater mit Tochter, die geduldig im Wartebereich saßen. Das Mädchen war vielleicht sieben oder acht Jahre alt, und auf ihrem

Schoß hielt sie behutsam eine kleine Pappschachtel in Händen, auf die sie konzentriert hinabblickte. Die Beine des kleinen Mädchens reichten nicht ganz bis zum Boden und baumelten vom Stuhl herab. Mit dem adrett frisierten, von einem Band gehaltenen Haar, in ihrem weißen Blüschen, dunkelblauen Rock und den Spangenschühchen aus Lackleder bot sie einfach einen ganz allerliebsten Anblick.

Ich kehrte in mein Behandlungszimmer zurück und bat meine Sekretärin, Genaueres über diesen nächsten Fall in Erfahrung zu bringen. Eine Maus!

Der Vater trat mit seiner zitternden Tochter ein, und beide nahmen vor mir Platz, um mit mir über die Maus zu reden.

Der Vater erklärte: «Diese Maus ist das heiß geliebte Haustier meiner Tochter. Es ist ein Männchen namens Mickey, und unten herum scheint sich bei ihm etwas recht Unschönes entwickelt zu haben. Wir wüssten gern, ob Sie ihn heilen können.»

Das kleine Mädchen sah ängstlich zu mir auf, und ich sagte zu ihr: «Sag mal, was meinst du, was mit deiner Maus nicht stimmt?»

«Na ja», sagte sie, «ihm ist so eine hässliche Beule gewachsen, und die sieht ganz eklig aus. Bitte machen Sie ihn wieder gesund.»

Wir stellten die Schachtel auf den Tisch, und ich klappte sie vorsichtig auf, um die Maus behutsam in die Hand zu nehmen. Den Kopf hielt ich zwischen meinem linken Daumen und Zeigefinger, den Körper bettete ich rücklings auf die übrigen Finger, um die Bauchseite näher begutachten zu können. Ich durfte mir nichts anmerken lassen, aber was ich da sah, entsetzte mich: ein mächtiger Brustkrebstumor hatte sich so ausgewuchert, dass er fast halb so groß war wie das Mäuschen.

Schonend hatte ich dem Mädchen nun beizubringen, dass die Maus unter Vollnarkose operiert werden musste und ihre Überlebenschancen, da sie so winzig und zart war, bei diesem Eingriff sehr gering waren. Wenn eine Katze sich auf eine Maus stürzt, ist sie häufig schon tot, bevor die Katze sie erwischt, weil sie vor lauter Angst einen Herzstillstand erleidet.

Über die Jahre hatten wir aber reichlich Erfahrung mit unserem Puppenbesteck chirurgischer Instrumente und einem speziellen Miniatur-Narkosegerät gesammelt. Die Instrumente waren sehr präzise und fein, handelte es sich doch um Besteck für Augenoperationen. Dank dieser Werkzeuge hatten wir bei Tumorentfernungen, dem Schienen gebrochener Wellensittichbeinchen und ähnlich heiklen Aufgaben außerordentliche Erfolge zu verzeichnen.

Ich beugte mich zu dem kleinen Mädchen. Sie blickte mich mit klaren, verängstigten Augen an, während ich ihr erklärte, was nun geschehen musste.

Nachdem sie sehr gefasst gelauscht hatte, fragte sie: «Muss er sterben?»

Ich antwortete: «Wir können nur unser Bestes für Mickey tun. Wir werden ganz vorsichtig mit ihm umgehen, und die Chancen, dass er überlebt und wieder mit dir nach Hause kann, stehen gar nicht so schlecht.»

Tränen strömten ihr übers Gesicht, als ich mich dem Vater zuwandte und sagte: «Ich bringe Mickey jetzt sofort in den OP, um das so rasch wie möglich hinter uns zu bringen, aber Sie sind sich über die Risiken doch hoffentlich im Klaren?»

«Ja, selbstverständlich», beteuerte der Vater und legte seiner Tochter fürsorglich den Arm um die Schultern.

Ich trug die Schachtel mit der Maus hinüber in den Raum, wo wir die üblichen Operationsvorbereitungen trafen. Meine Helfer säuberten die zu operierende Stelle der Maus für mich, dann betäubten wir sie in unserer speziellen kleinen Gasbox und trugen sie zum OP-Tisch, wo wir die Narkose mit einem dünnen Schlauch fortsetzten und den Rest des Körpers mit einem Tüchlein abdeckten.

Aus Erfahrung wussten wir, dass bei Eingriffen an solch winzigen Tierchen höchste Eile geboten war; es muss schnell und präzise operiert werden, und Blutverlust ist unbedingt zu vermeiden. Bei Operationen an Wellensittichen betrug der noch eben verträgliche Blutverlust nach unserer Erfahrung maximal 3 Centiliter. Derart winzige Mengen können einem, wenn man operiert, geradezu Angst einjagen.

Ich begann den Eingriff, öffnete rasch die Haut und konnte darauf einen hässlichen Tumor entfernen, den ich sorgfältig aus dem umliegenden Gewebe löste. Nun blieb uns nur noch knapp über eine Minute, die Wunde sorgsam zu vernähen, das Tier zu reinigen und in saubere Tücher gehüllt in seine Schachtel zu legen, damit es dort wieder zu sich kommen konnte. Nach etwa drei Minuten war die Maus wach und wuselte zu unserem Entzücken schon wieder ganz fröhlich, wenn auch ein wenig groggy in ihrer Schachtel herum!

Nach einem Weilchen nahm ich die Schachtel mit der inzwischen völlig genesenen Maus und ging damit quer durch die Halle auf das verängstigte kleine Mädchen zu. Ich rief ihr zu: «Alles in Ordnung, alles in Ordnung. Mickey hat sich tapfer geschlagen; er hat die Operation überstanden und sitzt jetzt mit ein paar Stichen am Bauch in seiner Schachtel.»

Ich reichte ihr die Box, und sie hob furchtsam den Deckel; da kam zur allgemeinen Freude Mickey herausgeschossen, rannte ihren Arm hoch und ließ sich auf ihrer Schulter nieder, wo er umgehend anfing, sich emsig die Schnurrhaare zu putzen und allgemein zu säubern.

ZU GUTER LETZT

Später fand ich heraus, dass Vater und Tochter eigens den ganzen Weg von Cornwall hergekommen waren, um die Maus behandeln zu lassen. Während der Operation spürte ich die schwere Bürde der Verantwortung quälend auf mir lasten. Mir war, als würde das kleine Mädchen mich bei jeder Bewegung beobachten. Mit einiger Gewissheit kann ich sagen, dass diese Operation, schon wegen der Erleichterung in ihrem Gesicht, als sie Mickey lebend und wohlauf wieder sah, zu den herzerwärmendsten Erlebnissen meiner Laufbahn gehört.

23 Das Auge des Tigers

DER TIGER IST DIE EINDRUCKSVOLLSTE aller Großkatzen. Sein Fell ist in leuchtenden Farben gemustert, und Schönheit und Anmut sind seine hervorstechendsten Eigenschaften. Einmal habe ich ein Tigermädchen bis zum Alter von zwei Jahren aufgezogen, und die Tigerin blieb auch später zutraulich wie ein Hund. Es stimmte mich traurig, als sie ins Gehege verlegt wurde und die Bindung zwischen uns so jäh zerriss – obwohl sie mich auch in der Folgezeit immer schon von fern begrüßte, sobald sie mich sah oder hörte. Unter den Großkatzen bleibt vor allem der Tiger weitgehend monogam und durchstreift gemeinsam mit seiner Gefährtin den Dschungel.

Der Zoo besaß ein Paar imposanter malaysischer Tiger – das Männchen hieß Kahn, das Weibchen Nepti. Sie gaben ein reizvolles Gespann ab und waren einander sehr zugetan. Kahn war beträchtlich älter als Nepti, die ihre ersten beiden Lebensjahre als Haustier bei mir verbracht hatte. Nun war sie eine erwachsene Dame und hatte ihren eigenen Ehemann.

Kahn und Nepti hatten bereits zusammen Zwillinge bekommen – bekannt als die schrecklichen Zwillinge, da sie laufend Unfug anstellten. Nepti war ein wenig ungebärdig, und als an einem gewissen Morgen das Fleisch ins Gehege geworfen wurde, schleppte Kahn es in eine Ecke. Nepti sah sich das ein Weilchen an, bis sie schließlich dachte: Zum Teufel, warum soll ich aufs Frühstück verzichten? Sie schoss quer durchs Gehege, schnappte sich das Fleisch zwischen ihre kräftigen Kiefer und jagte damit zurück in ihre Ecke, wo sie sich niederlegte und Kahn herausfordernd anstarrte.

Kahn ließ sich die Sache sehr würdevoll einen Moment lang durch den Kopf gehen, erhob dann seinen mächtigen Leib gravitätisch auf alle viere und schritt zielstrebig auf Nepti zu. Sie zwitscherte ihm einen Gruß entgegen, da sie offenbar verkannte, wie ernst Kahn die Sache tatsächlich nahm.

Direkt vor Nepti angekommen, versetzte er ihr mit der mächtigen Pranke einen Hieb gegen den Kopf, bemächtigte sich wieder des Fleischbrockens und flitzte damit zurück in seine Ecke. Nepti hielt ihr linkes Auge, das den Hieb frontal abbekommen hatte, geschlossen.

Der Pfleger, der das Fleisch ins Gehege gebracht hatte, wurde Zeuge dieses Vorfalls, und als er sah, was geschehen war, rief er sofort in der Klinik an und bat mich vorbeizukommen. Er plädierte dafür, die Sache vorläufig nur genau zu beobachten, da

Nepti ja vielleicht nur ein blaues Auge abbekommen hatte. Dem schloss ich mich an.

Eine oder zwei Wochen vergingen, und meine tägliche Untersuchung erbrachte, dass der Augapfel selbst ziemlich rapide anschwoll und einen stieren Blick aufwies. Wir brachten Nepti in die Klinik und sperrten sie in einen Spezialkäfig, um ihr Auge mit einem Ophthalmoskop, einem Augenspiegel, genauer untersuchen zu können. Dabei stellte sich heraus, dass die Linse aus ihrer Haltekapsel verschwunden und ganz nach unten in den Augapfel gefallen war. Dadurch wurden Sekretkanäle blockiert, weshalb der Augapfel allmählich glaukomatös anschwoll. Wenn dagegen nichts unternommen wurde, bestand akute Erblindungsgefahr auf diesem Auge, was wir um jeden Preis verhüten wollten.

Ich rief einen Freund und Kollegen von mir an, Sir Benjamin Rycroft, die in Großbritannien führende Kapazität für Augenheilkunde; bei schwierigen Augenbehandlungen hatte er mir immer sehr hilfreich zur Seite gestanden. Er erklärte sich sofort bereit vorbeizukommen, solange die Tigerin sich noch in dem Spezialkäfig befand, um sich das Auge näher anzusehen. Knapp zwanzig Minuten später traf er ein und bestätigte, dass die Tigerin an einem frühen Stadium des grünen Stars litt und die Linse aus der Kapsel gerutscht war. In Beantwortung meiner Frage erklärte er: «Ja, diese Linse wird ihr aus dem Auge entfernt werden müssen, möchtest du, dass ich das übernehme?»

Nichts wünschte ich mir sehnlicher. Verglichen mit dem besten Augenarzt des Königreichs konnte ich nicht behaupten, mich bei Operationen am Auge einer Tigerin besonders kompetent zu fühlen. Die folgenden beiden Tage über musste ich das Tigerauge zur Operationsvorbereitung mit bestimmten Medikamenten behandeln. Unser Augenspezialist hatte zugesagt, am festgesetzten Tag mit seinem Team um elf Uhr bei uns vorstellig zu werden. Das Team würde bestehen aus ihm selbst, seinem Anästhesisten, dem Vorsteher seiner Klinik, seiner OP-Schwester und einer weiteren OP-Assistentin. Mir oblag es, die Tigerin für die Operation vorzubereiten und seinem Anästhesisten zu zeigen, wie man Zootiere allgemein und die Tigerin im Besonderen narkotisierte.

Als der Tag gekommen war, gaben wir der Tigerin zur Vornarkose eine Injektion, um sie zu beruhigen und fügsam zu machen. Dann wurde sie auf den OP-Tisch gelegt, damit weitere Vorbereitungen getroffen werden konnten. Wir legten einen Tropf in eine Vene ihres Hinterlaufs und führten einen dicken Schlauch in ihre Luftröhre ein, um laufend weiteres Narkosegas in ihre Lunge zu leiten.

Um elf Uhr war die Tigerin ausreichend narkotisiert, intubiert und vollständig mit grünen Tüchern abgedeckt, bis schließlich nur noch ein großes glänzendes Auge aus einer Öffnung in den sterilen grünen Tüchern herauslugte. Es war ein dramatischer Anblick: die Tigerin wog 300 Pfund und schien endlos lang; ihre Beine ragten über beide Enden des langen Tisches hinaus.

Ich verließ den OP, um den Augenspezialisten und sein Team zu begrüßen, und im Einklang mit seinem großzügigen Naturell sagte er: «Oliver, das ist dein OP, du bist der Boss. Wir werden genau das tun, was du uns sagst.» Wir führten sie zunächst in einen Raum, wo sie Kittel, Mundschutz und Handschuhe anlegten, dann betraten wir den Operationssaal. Der Anblick dieser ungeheuren Masse grüner Tücher, unter der eine narkotisierte, dreihundert Pfund schwere lebende Tigerin lag, war so dramatisch, dass das gesamte Team kurz stocksteif stehen blieb, um sich erst einmal daran zu gewöhnen.

Ich positionierte mich beim Narkosegerät, um dafür zu sorgen, dass die Narkose für den Augenarzt konstant tief genug blieb. Der Anästhesist des Augenarztes trat neben mich und sah sich an, welche Menge Gas ich der Tigerin verabreichte. Er sah mich erschrocken an und meinte: «Sie geben ihr viel zu viel. Sie müssen auf der Stelle die Dosis vermindern, sonst erzeugen Sie bei ihr zusätzlich eine Sauerstoffvergiftung.»

Ich achtete nicht darauf, und er wiederholte seine Aufforderung, die Gaszufuhr zu minimieren. Raubtiere benötigen während einer Operation nicht nur größere Mengen Sauerstoff, sondern auch größere Mengen Narkosegas, wie ich bei dem Eingriff an Sabre, dem Puma, herausfand. Ich erklärte dem Anästhesisten, dass Tiere dieser Größe Gase in atemberaubendem Tempo aufbrauchen, was mit ihren Fluchtmechanismen zusammenhängt, aber das stellte ihn nicht zufrieden. Zum anschaulichen Beweis verminderte ich den Gaszustrom an einem der Haupthähne. Nach dreißig Sekunden regte sich eine der unter der grünen Deckenflut hervorlugenden riesigen Pranken ein wenig, und die Krallen begannen sich zu bewegen.

Sofort rief der Anästhesist: «Drehen Sie auf, drehen Sie wieder auf!» Offenbar hatte er nun Todesangst und fürchtete, dass eine Minderung der Dosis eine im OP herumspringende Tigerin zur Folge haben könnte. Nachdem dieses Drama ausgestanden war, gab ich dem Augenspezialisten Zeichen, dass das Tier nun operationsbereit war.

Stille senkte sich herab, während er sorgfältig die Öffnung des Auges vornahm, um die Linse zu entfernen. Die Anspannung im OP war ungeheuer. Es war nicht nur sehr warm – den an Augenoperationen bei Menschen gewohnten Helfern flößte darüber hinaus der Anblick des riesigen Tigerauges und vor allem das, was sich unter den grünen Tüchern verbarg, großes Unbehagen ein.

Als Erster wurde der Klinikvorsteher ohnmächtig und sackte mit einem Plumps zu Boden. Niemand sagte etwas, aber zwei meiner Krankenhausmitarbeiter traten schweigend hinzu, brachten ihn nach draußen und lehnten ihn an der frischen Luft gegen eine Wand. Er kehrte nicht zurück. Im Verlauf der Operation war ein weiterer Plumps zu hören, als die OP-Assistentin umkippte. Auch sie wurde zu dem Vorsteher ins Freie geschafft. Keiner nahm weiter Notiz davon oder ließ sich stören, und der Eingriff

verlief völlig problemlos, bis schließlich eine glitschige, silbrige Linse aus dem Auge zum Vorschein kam. Im Anschluss wurde die Hornhaut mit einigen Stichen verschlossen, und damit war die Operation beendet. Die Tigerin erholte sich im Nu. Auf dem Auge war ihre Sehkraft fortan wahrscheinlich ein wenig getrübt, aber sie war nicht blind. Nie wieder hat sie danach ihrem Mann das Frühstück stibitzt.

ZU GUTER LETZT

Ein paar Wochen nach dieser Episode stand ich mit einem oder zwei Freunden an der Theke im Club der Royal Society of Medicine zusammen, um ein Gläschen zu trinken. Da betrat mein Freund, der Augenspezialist, den Speisesaal, eine Schar von Jüngern im Schlepptau, die gerade einer seiner Vorlesungen gelauscht hatten. Der große Mann stellte sich ans andere Ende der Bar und scharte seine Kollegen um sich. Ganz plötzlich und ohne Vorwarnung rief er mit lauter Stimme: «Alle mal herhören.» Dann zeigte er auf mich. «Der Mann da drüben hat kürzlich für mich eine Tigerin anästhesiert, und eins muss ich Ihnen allen sagen, er hat diese Tigerin verdammt viel besser ruhig gehalten, als viele von Ihnen das bei meinen menschlichen Patienten hinkriegen!»

24 Kampfschlangen

Von Boxkämpfen hat jeder schon einmal gehört, von Stierkämpfen und leider auch von Kämpfen zwischen Hunden oder gar Hähnen. Das Abhalten von Tierkämpfen «zu sportlichen Zwecken» ist in vielen Ländern verboten. Viele Tiere kämpfen in freier Wildbahn miteinander, aber nur aus triftigen und berechtigten Gründen. Sei es, dass dominante Männchen wehrhaft ihre Revieransprüche verteidigen, übermütige männliche Jungtiere sich Scharmützel um die Vormacht bei den Weibchen liefern und so weiter. Aber selten, nur ganz selten kämpfen Tiere miteinander auf Leben und Tod. Der Kampf ist auf der Stelle beendet, sobald einer der Kontrahenten nachgibt, sich zurückzieht und damit dem Sieger das Feld überlässt.

Einen Kampf unter Schlangen dürften nur wenige je miterlebt haben. Sie haben schließlich keine Gliedmaßen, wie um alles in der Welt können sie da kämpfen? Schlangen bewegen sich mit gleitenden Bewegungen fort, welche durch Kontraktion der Ringe bewerkstelligt werden, die die Enden ihrer Rippen miteinander verbinden.

Der Londoner Zoo beherbergte in seiner ausgedehnten Reptiliensammlung einen sehr schönen indischen Netzpython, eine wunderhübsche, abwechselnd schwarz und gelb gemusterte Schlange. Ein sehr anziehender Anblick, selbst für Menschen mit einer Aversion gegen Schlangen. In dasselbe Gehege wurde ein weiterer Python gesetzt, da man keinen Schaden befürchtete und den Reiz des Anblicks dadurch zu steigern hoffte.

Das Gehege im Schlangenhaus war mit einem großen Teich ausgestattet, in dem die Schlangen baden konnten, denn viele Schlangen sind vorzügliche Schwimmer. Eines Tages bekamen die Pfleger mit, wie diese beiden Pythons sich voreinander positionierten, und bevor sie noch begriffen, was da vor sich ging, richteten beide Schlangen sich auch schon mit weit aufgerissenen Mäulern auf. Dann schossen sie aufeinander los, verknäulten ihre beiden Leiber und versuchten einander zu verschlingen. Im Museum des Londoner Zoos ist das Exponat einer Schlange zu sehen, die von einer anderen Schlange ganz geschluckt worden war und sich vollständig in deren Körper befand. Beide Schlangen kamen dabei zu Tode.

Unsere beiden Kontrahenten unternahmen blindwütige Versuche, den anderen zu verschlingen. Dies hatte nur zur Folge, dass die kleinere Schlange fortwährend nach Teilen des anderen Schlangenkörpers schnappte und, hatte sie sich erst verbissen, den Kopf zurückschnellen ließ, wobei sie im Gewebe Risse hinterließ. Dies ging eine ganze Weile so weiter, bis die größere Schlange bis hinunter zum Schwanz ziemlich übel zugerichtet war und sich in den sicheren Teich rettete. Die kleinere Schlange wickelte sich um einen der Baumstümpfe, um dort die Wunden zu lecken, die sie davongetragen hatte.

Wir brachten die größere Schlange in die Klinik, um sie wiederherzustellen; die Arbeit war zeitaufwendig und ermüdend, aber vergleichsweise einfach, da wir die Risse im Gewebe bloß zusammenzunähen brauchten, bis das Muster wieder übereinstimmte. Nicht viel anders, als würde man einen Norwegerpulli ausbessern.

Die nächsten zwei oder drei Monate erholte die Schlange sich gut, doch dann wurde ich ihretwegen erneut ins Reptilienhaus bestellt; dort musste ich feststellen, dass sie akut angeschwollen war, wie der prall aufgepumte Schlauch eines Autoreifens. Das Tier litt sichtlich schlimme Qualen, und Abhilfe war dringend geboten. Bei Untersuchung der Schlange stellten wir fest, dass ihre Kloake, die Körperöffnung an der Unterseite, die zur Ausscheidung sämtlicher Feststoffe und Flüssigkeiten aus dem Schlangenkörper dient, völlig verschlossen war, da sie beim Angriff der anderen Schlange Schaden genommen hatte. Da gab es nur eins: ab in die Klinik und dort zusehen, wie wir helfen konnten.

Wie sich eindeutig herausstellte, war die von der Natur vorgesehene Körperöffnung der Schlange komplett blockiert und nicht mehr funktionsfähig, was die enorme Schwellung erklärte. Verdaute Nahrung gärte in den Därmen der Schlange vor sich hin, was die Bildung von Gasen zur Folge hatte. Von ihrem normalen Umfang, etwa siebeneinhalb Zentimeter, war die Schlange auf annähernd dreizehn, stellenweise sogar bis zu fünfzehn Zentimeter Körperumfang angeschwollen. Etwas musste unternommen werden, und zwar schnell.

Wir bereiteten eine Operation vor. Das Öffnen der Därme und Anlegen eines künstlichen Darmausgangs in der Bauchwand wird beim Menschen Kolostomie genannt, und es sah ganz danach aus, als würden wir nun die erste und bislang einzige Kolostomie an einer Schlange durchführen müssen. Über einen derartigen Eingriff schweigen sich die Lehrbücher für Tiermedizin natürlich aus.

Tierpfleger hielten die Schlange im Abstand von je etwa einem Meter fest. Der Bereich, an dem ich zu operieren hatte, lag vorbereitet auf dem Operationstisch parat. Die nächste Frage war, wo die Schlange aufzuschneiden wäre. Die rings um den Schlangenkörper verlaufenden Muskelringe, die ihre Rippen verbinden, dienen der Fortbewegung, sollte ich also quer schneiden, wie beim Gurkenschnippeln? Oder eher längs, wie bei einem Bananen-Split, wodurch mehrere der lebenswichtigen Ringe durchtrennt würden? Letztlich entschied ich mich für die Bananen-Split-Technik.

Für den Eingriff schnitten wir die Bauchhöhle auf. Auf nähere Details werde ich verzichten, aber wir entfernten zwei Eimer voll übelst riechender Masse. Später erzählte mir mein Klinikvorsteher, nie zuvor seien seine Tomaten so prächtig gediehen!

Nach Schaffung einer neuen Öffnung in den Darmwänden nähten wir die Darmwand an die Bauchdecke, wodurch das Tier eine komplett neue Ausscheidungsöffnung erhielt.

Die Schlange wurde zurück in ihr Gehege gebracht, wo sie zu meinem Erstaunen sogleich ins Wasser glitt und darin herumschwamm, um auf diese Weise sehr gründlich ihren Darminhalt hinauszuspülen.

ZU GUTER LETZT

Der Python lebte noch lange glücklich und zufrieden und starb schließlich eines natürlichen Todes, aber bis heute nehmen mir nur wenige meiner Arztkollegen ab, dass ich tatsächlich eine Kolostomie an einer Schlange durchgeführt habe.

Gewalt in der Tukan-Ehe

DER TUKAN IST EIN GANZ UNGEWÖHNLICHER VOGEL, den so mancher dramatisch gut aussehend findet. Sein Körper ist von durchschnittlicher Größe, ungefähr so groß wie eine stattliche Taube oder ein Papagei, und seinen Kopf ziert ein wahrhaft enormer Schnabel, leuchtend gelb bis auf die Spitzen, die schwarz sind. Beim Fressen bedient er sich einer ingeniösen Methode: Ganz zierlich nimmt er das Futter mit seinem langen Schnabel auf, wirft den Kopf leicht zurück, öffnet den Schnabel und lässt das Futter über seine eigens zu diesem Zweck gerillte lange Zunge in den Schlund hinuntergleiten. Dann schluckt er.

Für den Tukan ist es also von höchster Bedeutung, dass beide Schnabelenden immer gut in Schuss sind und genau aufeinander treffen. Anderenfalls kann der Vogel keine Nahrung aufnehmen und müsste verhungern.

Der Zoo besaß ein Tukanpärchen, das sich schon seit vielen Jahren in schöner Eintracht denselben Käfig teilte. Es war ein hübscher Käfig, mit Ästen und Laub dekoriert und in einem warmen Vogelhaus untergebracht; das Glück der Vögel, die munter in ihrem Geäst herumhüpften, schien gänzlich ungetrübt.

Eines Tages machte das Männchen dem Weibchen wohl Avancen, die es als ungehörig empfand, und es geriet in Zorn und attackierte ihn. Sie hackte heftig zu und biss ihm gut vier Zentimeter vom Unterschnabel ab. Liebespaare, so will mir scheinen, sollten aus diesem Vorfall womöglich die eine oder andere Lehre ziehen! Wir hatten nun also ein hübsches Tukanmännchen, dessen Oberschnabel ein ganzes Stück über den Unterschnabel hinausragte und der nun, o Graus, nicht mehr fressen konnte, weil er sein Futter nicht mehr aufnehmen konnte.

Der Vogel wurde zunächst in einen Käfig im Krankenhaus verlegt, und ich beschloss, Freunde von mir aus der *Eastman Dental Clinic* zu Rate zu ziehen, die eine hervorragende Spezialabteilung für Zahnprothesen unterhielt. Ich rief sie an und schilderte das Problem. Man war hoch entzückt, einmal mit einer so außergewöhnlichen und interessanten Aufgabe konfrontiert zu werden. Wir fanden uns mit einem Tragekäfig in der Eastman-Klinik ein, in dem der sehr niedergeschlagen wirkende Tukan saß; offenbar vermisste er sein Stück Unterschnabel, doch hinzu kam wohl noch die bodenlose Scham darüber, sich von seiner Freundin eine solche Abreibung eingehandelt zu haben.

Die Eastman-Leute waren wunderbar. In kürzester Zeit wurde das von dem abgebissenen Schnabel gerettete Stück farblich auf den Rest des Unterschnabels abgestimmt und aus Dentalmaterialien ein entsprechender Abguss erstellt, damit ein Ersatz aus Kunststoff modelliert werden konnte. Als Nächstes stellte sich die Frage der Befestigung. Die Kollegen konstruierten aus einer Titanium-Metall-Legierung einen sehr belastbaren Rahmen, der als Halterung für den neuen Kunststoffschnabel an den verbliebenen Unterschnabel geklebt wurde. Als Klebstoff wurde ein gewebeverträglicher Dentalklebstoff verwendet, der in Sekunden wirkte.

Einige Tage später kamen wir zu einer ersten Anprobe des Metallrahmens und der Schnabelprothese wieder vorbei, und, o Freude!, alles passte perfekt. Die Prothese war bis hin zur schwarzen Färbung an der Schnabelspitze farblich so kunstvoll abgestimmt, dass sie vom richtigen Schnabel nicht zu unterscheiden war. Es grenzte an ein Wunder, und als die Prothese dann endgültig angepasst wurde, sah der Tukan nicht nur aus wie neu, sondern konnte auch sein Futter wieder aufnehmen und fressen.

Abgesehen von der frisch erworbenen Kenntnis der Künste der Prothetiker durften wir aus alldem noch eine weitere Lehre ziehen. Obwohl der Kern des Unterschnabels beim Tukan aus Knochen besteht – und Knochen theoretisch nie nachwächst – , wurde durch das ständige Picken mit dem Ende des neuen Schnabels das Knochenwachstum angeregt, wodurch sich die Prothese peu à peu nach vorne verschob. So hatten wir dann ei-

nen Tukan, dessen künstlicher Unterschnabel laufend abgefeilt werden musste, um dieses Wachstum auszugleichen, ganz wie wir unsere Nägel feilen! Letzten Endes konnten wir die Halterung samt Prothese entfernen, da der Unterschnabel wieder ganz normal in der Lage war, seine Funktion zu erfüllen – ein dramatischer Erfolg, wenn man die wiederholten Beteuerungen erfahrener Anatome bedenkt, der Knochen würde nie wieder nachwachsen und die Prothese müsste für immer an ihrem Ort verbleiben.

ZU GUTER LETZT

Der Tukan erholte sich in einem Käfig in unmittelbarer Nachbarschaft zu seiner bissigen Gefährtin. Sie schienen gut miteinander auszukommen, und man entschied, dass sie wieder zusammen in einem Käfig untergebracht werden konnten. Nach ein paar friedlichen gemeinsamen Tagen verpasste das Männchen urplötzlich und aus heiterem Himmel dem Weibchen nach allen Regeln der Kunst eine Tracht Prügel und scheuchte es gut fünf Minuten lang wild durch den Käfig. Wir befanden übereinstimmend, dass diese saftige Lektion dazu diente, ihr die Sache mit dem Schnabel heimzuzahlen.

26 Cocky, der kecke Kakadu

DER LONDONER ZOO IST EIN WAHRES MEKKA für Kinder und ihre Eltern. In den Schulferien wimmelt der Zoo von Besuchern, die einen Heidenspaß an den Kapriolen mancher Tiere haben, deren drolliges Verhalten wiederum allein dem Zweck zu dienen scheint, die Zuschauer zum Lachen zu bringen. Einmal, als ich eine Rede vor einer Vereinigung halten sollte, deren Vorsitzender zufällig Bibliothekar war, kündigte mich dieser Herr mit den folgenden Worten an: «Unser Redner ist hauptamtlicher Veterinär des Londoner Zoos. In meiner Bibliothek stehen mehrere Wörterbücher, und ich habe mal die genaue Bedeutung des Wortes *Zoo* nachgeschlagen.» Mit einem Augenzwinkern fuhr er fort: «Ein Zoo ist eine umfassende Sammlung wilder Tiere unter einem Dach, die dazu dient, das Verhalten von Menschen besser studieren zu können.» Man glaubt das sofort, wenn man sieht, wie die Tiere sich aufführen, um das Publikum zu unterhalten. Wenn man wiederum bedenkt, wie das Publikum sich teilweise benimmt, zweifelt man nicht mehr daran, dass die Tiere bessere Manieren besitzen.

Die Vogelsammlung ist seit jeher eine Hauptattraktion im Zoo, weil dort eine solche Vielfalt bunt schillernder Geschöpfe zu sehen ist, die noch dazu sehr lebhaft sind, herumflattern, singen oder kreischen. Am beliebtesten ist wohl das Pagageienhaus; auf alle Fälle ist es am lautesten! Die Familie der Papageien ist sehr weit gefächert, und ihre Vertreter sind in den meisten tropischen Ländern zu finden. Australien kann mit zahlreichen Arten aufwarten, von denen wohl der Gelbhaubenkakadu am bekanntesten sein dürfte. Es handelt sich hierbei um einen schönen, großen Vogel mit einer prächtigen gelben Federhaube auf dem Kopf, die er, je nach Stimmungslage, aufstellt oder senkt. Noch dazu ist er ein begabter Imitator der menschlichen Stimme und wiederholt ganze Sätze, wenn sie ihm oft genug vorgesagt werden.

Zu den Hauptattraktionen im Papageienhaus zählte ein Gelbhaubenkakadu namens Cocky. Cocky zog für gewöhnlich große Zuschauerscharen an, indem er krächzend und krakeelend auf seinem Ast auf und ab hüpfte, um dann auf dem Ast bis ans Gitter heranzurücken und den Kopf zu neigen, damit ihn jemand kraulte. Fand sich dazu dann ein Freiwilliger aus dem Publikum, hob Cocky jäh den Kopf, umkrallte den Finger des Unseligen und zwickte ihn blitzschnell mit dem Schnabel hinein. Nicht wirklich fest, wohlgemerkt, aber doch fest genug, um dem Opfer einen überraschten Aufschrei zu entlocken, woraufhin die Umstehenden in lautes Gelächter ausbrachen. Cocky lachte dann aus voller Kehle mit und sprang, lustig seine leuchtend gelbe Haube spreizend, auf seinem Ast auf und ab. Keine Frage, Cocky war der lauteste Vogel der gesamten Sammlung. Morgens bevor das Publikum eingelassen wurde, kamen die Tierpfleger in die Voliere, um sie auszufegen und zu säubern. Während sie ihre Arbeit zu tun versuchten, kreischte und schrie und lärmte er aus Leibeskräften, bis sie zurückbrüllten: «Was ist denn nun schon wieder?» Worauf Cocky wieder auf und ab sprang und sich vor Lachen schüttelte. Es war ein Spiel, das den Pflegern wie auch Cocky immer wieder Riesenspaß machte.

Eines Tages zog ein Besucher, der Cocky am Kopf kraulen wollte, seinen Finger nicht schnell genug zurück, und Cocky wollte einfach nicht loslassen. Der Besucher zerrte den Finger mitsamt Cockys Bein aus dem Käfiggitter, und zwar so unglücklich, dass der Oberschenkelhals dabei mehrfach brach und Knochensplitter durch die Haut drangen. Es handelte sich um einen üblen offenen Bruch.

Der arme alte Cocky, der damals bereits an die vierzig Jahre alt war, wurde ins Zookrankenhaus eingeliefert. Er erhielt eine leichte Betäubung, und während er friedlich schlummerte, wurde sein Bein gesäubert und geröntgt, zusammen mit dem gesunden Bein. Als wir die Röntgenbilder entwickelten, waren wir tief entsetzt über das, was wir da sahen. Hätte ein Mensch einen solchen Bruch erlitten, wäre eine Amputation unausweichlich gewesen.

Wir beschlossen jedoch, das Bein irgendwie wieder zu-
sammenzuleimen und den Knochen zu vernageln. Dazu wird
einfach ein Stäbchen in die Markhöhle des gebrochenen Kno-
chens geschoben, bis alle Teile zusammengefügt sind und, wenn
alles gut geht, wieder zusammenwachsen.

Über die verschiedenen Hilfsmittel zum Nageln von Men-
schenknochen gab es bergeweise Literatur, doch für Vogelkno-
chen fehlte es an vergleichbarer Lektüre. Vögel haben, um fliegen
zu können, sehr zerbrechliche Röhrenknochen. Mit so stabilen
Knochen wie unseren könnten sie sich nie in die Lüfte erheben.
Uns stellte sich die heikle Aufgabe, etwas Geeignetes zum Ein-
führen in die Markhöhle zu finden: Die Stütze musste stabil genug sein, um die Knochenbruchstücke zusammenzuhalten,
durfte aber nicht zu schwer sein, um Schäden zu verhüten.

Wir überlegten und überlegten, bis wir schließlich entschieden, dass eine große Spritzennadel sich zu diesem Zweck am besten eignete. Wir vermaßen den Durchmesser der Markhöhle auf
dem Röntgenbild sowie die Dicke der in Frage kommenden
Spritzennadel, um dann die Nadel aus rostfreiem Stahl auf die
passende Länge zu kürzen. Als Nächstes aber stellte sich uns die
knifflige Frage, wie die Nadel durch das äußerst komplizierte
Kniegelenk des Papageis in das Bein eingeführt werden konnte.
Nach weiterem Abwägen verlegten wir uns dann auf eine gerade
Operationsnadel aus rostfreiem Stahl, da diese wie eine ganz

normale Nähnadel oben ein Öhr aufweist, durch das ein ausreichend langer Nylonfaden gefädelt werden konnte, um die Nadel den Knochen hinauf in Stellung zu ziehen. Wenn die stählerne Prothese sich an der gewünschten Stelle befand, brauchte nur noch der Faden entfernt zu werden.

Es funktionierte wunderbar. Wir konnten den Eingriff erfolgreich durchführen, und meines Wissens ist Cocky der einzige Papagei, der mit Hilfe eines Stahlnagels in seinem Knochen wieder gesund wurde und zurück in die öffentliche Voliere konnte.

Als Cocky aus der Narkose erwachte, stand er wegen der verhältnismäßig langen Operationsdauer unter leichtem Schock, worauf wir uns mit einem speziell konstruierten «Erholungskasten» eingestellt hatten. Der Kasten war warm, und es wurde ein konstanter Strom sauerstoffreicher Luft hineingeleitet.

Cocky kam in den Kasten, und dort lag er dann mit ausgebreiteten Flügeln da, den Kopf auf die Seite gelegt, friedlich schlummernd.

Aus heiterem Himmel, ganz unangekündigt, fand Prinz Philip, der Präsident der Zoogesellschaft, sich zu einem Routinebesuch bei uns ein. Es dürfte ihn, da bin ich mir sicher, gefreut haben, uns so vollauf beschäftigt und im Einsatz vorzufinden. Immerhin hatten wir gerade erst eine Operation beendet. Ich konnte ihn auf eine Führung durchs Krankenhaus einladen und ihm dabei demonstrieren, welche Aufgaben hier so anfielen und wie wir sie bewältigten. Am Ende unseres Rundgangs kamen wir in den Operationssaal, in dem wir vor kurzem Cocky operiert hatten.

Ich fragte den Prinzen, nachdem ich ihm den Vorfall geschildert hatte, ob er vielleicht die Röntgenbilder des Vogels zu sehen wünsche.

«Sehr gern», entgegnete er.

Wir begaben uns in die Dunkelkammer, wo ich ihm die Röntgenaufnahmen von Cockys Bein vorführte, sowohl die von vor der Operation als auch die vom postoperativen Zustand, mit der Stahlnadel, die den gesplitterten Knochen zusammenfügte. Er stellte mir Fragen über Fragen und war erst zufrieden, als er die von uns angewandte Technik selbst detailliert wiedergeben konnte. Im Hinausgehen fragte ich: «Wünschen Sie den Patienten vielleicht auch zu sehen?» Dies bejahte er eifrig, und wir führten ihn hinüber zu dem speziellen «Brutkasten», den wir konstruiert hatten. Wir stellten uns ringsherum und lehnten uns vor, während ich den Glasdeckel hob. Dort, auf dem Boden des Kastens, lag Cocky, scheinbar friedlich schlummernd. Prinz Philip beugte sich noch etwas weiter vor, um höchst interessiert den daliegenden Vogel zu betrachten.

Plötzlich schlug der allem Anschein nach bewusstlos auf der Seite liegende Cocky ein gelbes Knopfauge auf und starrte zurück. Dann schnarrte er ganz unvermittelt: «Was ist denn nun

schon wieder?» – die Frage, die er von den Tierpflegern aufge-
schnappt hatte.

Dies zeitigte dramatische und denkwürdige Wirkung: Der
Prinz warf den Kopf zurück und brach in unbändiges Gelächter
aus, bis ihm und auch seinem Adjutanten die Tränen übers Gesicht liefen. An den Adjutanten gewandt sagte er: «Wenn ich das
meiner Frau erzähle, glaubt die mir das nie!»

ZU GUTER LETZT

Cocky wurde wieder völlig gesund und kehrte in sein Gehege zurück, wo er sein tolles Treiben fortsetzte wie zuvor.

27 *Letzter Tag*

MEIN LETZTER TAG IM ZOO war ziemlich herz-
zerreißend. Zum Abschied richtete ich in der Klinik eine Feier für meine mustergültig engagierten
Mitarbeiter aus, bei der Alec Wilson, der Klinikvorsteher, präsidierte, sekundiert von seinem Stellvertreter Tony Fitzgerald. Beide waren wunderbare Menschen, die sich auf die
Unterstützung von gleichermaßen engagierten Mitarbeitern verlassen konnten. Nach der Feier unternahm ich einen letzten
Rundgang durch den Zoologischen Garten, allein, um meinen
Freunden, den Tieren, Lebewohl zu sagen, von denen ich viele
wegen unterschiedlichster Leiden behandelt hatte.

Mein erstes Ziel waren die Mappin Terraces, weil ich meine
Bären dort besuchen wollte, die bei ihrem Ausflug damals so viel
Aufregung verursacht hatten. Langsam schlenderte ich den
Hauptweg entlang und verweilte kurz am Aquarium, um mich
von dem riesigen Karpfen zu verabschieden, den ich einst, nach
seiner Bergung aus einem Gebüsch im walisischen Bergland, in
das irgendein Unmensch ihn nach dem Angeln offenbar einfach
geworfen hatte, wieder zusammengeflickt hatte.

Dann spazierte ich weiter zum Reptilienhaus, um dem Python Adieu zu sagen, an dem ich die Kolostomie durchgeführt hatte.

Von dort ging ich hinüber zum Affenhaus, wo mich ein schnatternder Chor aufgeregter Schimpansen und bedächtiger Gorillas empfing. Meine pfeifende Freundin Sukie, die südamerikanische Klammeraffendame, kam ans Gitter ihres Käfigs und streckte ihr zartes Händchen hinaus, um meine Hand zu ergreifen, als wüsste sie, dass ich mich verabschiedete.

Ich sah im Löwenhaus vorbei, um den großen Raubkatzen dort Lebewohl zu sagen. Bei zwei der Löwinnen hatte ich Kaiserschnitte vorgenommen, einer außerdem einmal eine Kralle entfernt. Die Tigerin Nepti blieb stehen, schnurrte und rieb sich an den Gitterstäben, während ich ihr über den Kopf streichelte – bei zweien ihrer Würfe hatte ich Geburtshilfe geleistet. Dann ging es weiter zur Lama-Koppel: Eine der Stuten, deren gebrochener Vorderlauf in einem komplizierten Eingriff wiederhergestellt worden war, bei dem der Knochen von außen genagelt werden musste, stolzierte keck auf und ab. Ich sah bei den Raubvögeln und Goldie, dem Adler, vorbei, begab mich dann durch den Osttunnel in die Middle Gardens, wo sich inzwischen an der Stelle meiner früheren Wohnung die neuen Giraffen-Koppeln befanden, und von dort aus weiter in den Nordteil des Zoos zur Behausung des Pumas, dem nach Entfernung seines wuchernden

Geschwürs mittlerweile ein prächtiges neues Fell gewachsen war.
Ich war sehr ergriffen.

Gerade bummelte ich gemächlich zum Krankenhaus zurück,
um dort endgültig Abschied zu nehmen, als mir das leuchtende,
neugierige Auge von Icarus in die Quere kam. Viele Jahre zuvor
war nachts ein kleiner Pappkarton auf den Stufen der Zoohauptverwaltung abgestellt worden. Als Hanson, der Hausmeister, den
Karton öffnete, kam zwischen den Deckelklappen ein knopfäu-
giger, federloser Kopf zum Vorschein, der zu einem vorwitzigen
Gelbhaubenkakadu gehörte – daraufhin wurde ich verständigt.
Bei genauerer Begutachtung stellte sich heraus, dass er weder am
Körper noch an den Flügeln auch nur eine einzige Feder aufzuweisen hatte. In dem Karton fand sich keine Notiz, keine Erklärung, kein gar nichts.

Der nackte Vogel kam mit mir ins Krankenhaus, wo er uns allen mit seiner liebenswerten und drolligen Art ans Herz wuchs,
mir allerdings ganz besonders. Natürlich wurde er auf den Namen Icarus getauft – was bei so einem federlosen Geschöpf auf
der Hand lag. Und dann, o Wunder, nach sechs Monaten Thera-
pie mit Ölpackungen, zugebracht in einem Außenkäfig, wo das
Federwachstum durch die pfeifenden Winde angeregt wurde,
sprossen ihm am ganzen Körper flaumige Daunenfedern, an den
Flügeln sogar einige Schwungfedern. Auf dem Kopf jedoch
wollte ihm nie mehr als eine einzige gelbe Feder gelingen, ein ein-

ziger Überrest seiner namengebenden Gelbhaube. Diese einsame Feder wurde von ihm aufgestellt und gesenkt wie ein Schlachtenbanner.

Icarus' Flugunfähigkeit hielt ihn nicht von immer neuen Flugversuchen ab. Er pflegte im Umkleideraum des Krankenhauses ein Tischbein zu erklimmen, geduldig, Schritt für Schritt, um sich dann mit dem Schnabel oben an der Tischkante festzuhaken und schließlich ganz hinaufzuschwingen. Von dort aus überblickte er die gesamte Tischplatte als Startbahn. Dann stürmte er, unter heftigem Geflatter seiner unzulänglichen Flügel, über den ganzen Tisch und stürzte sich, immer noch wild flatternd, am hinteren Ende ins Leere. Dem folgte eine Lernkurve mit unsanfter Landung, was ihn aber nicht zu entmutigen vermochte. Zu unserer hellen Freude stellte der kleine Bursche dann seine einsame Haubenfeder auf, marschierte hinüber zum Tischbein und begann eine erneute Klettertour, um seine Übung zu wiederholen. In ruhigeren Momenten kletterte er mir gern auf die Schulter, wenn ich an meinem Schreibtisch saß, und nibbelte mir am Hals herum.

Während ich alles für meinen Aufbruch von der Klinik vorbereitete, sah ich zu meinem flaumigen Freund hinüber und sagte ihm Lebewohl. Dabei gingen mir warme Erinnerungen an seine vielen Streiche durch den Kopf. Ich packte meine persönlichen Habseligkeiten im Krankenhaus zusammen und machte mich auf den Heimweg nach Swiss Cottage. Die neue Tätigkeit als Dozent am *Royal Veterinary College* würde sich wieder himmelweit von allem hier unterscheiden, und ich grübelte, ob mein erster Tag am College wohl ebenso dramatisch verlaufen würde wie mein letzter Tag im Zoo.

Ich fuhr los Richtung Swiss Cottage, aber auf halbem Weg fuhr ich links ran und traf eine Entscheidung. Ich wendete den Wagen und fuhr zurück zur Zooklinik, parkte dort und trat durch die Schwingtüren ins Innere. Dort, auf dem Boden der Eingangshalle, taperte der Grund für meine Rückkehr herum: ein bekümmert dreinblickender Icarus. Kurz entschlossen trieb ich einen Käfig auf, steckte Icarus hinein, stellte ihn auf den Rücksitz meines Autos und fuhr direkt zum *Royal Veterinary College*, wo ich ihn vorläufig der treu sorgenden Obhut des Pflegepersonals im dort angeschlossenen *Beaumont Animal Hospital* anvertraute. Dann fuhr ich nach Hause und packte meine Habe aus.

Am Tag meines Amtsantritts im *Royal Veterinary Hospital* führte mich mein erster Weg zu Icarus, der über dieses Wiedersehen hocherfreut war, mir sogleich auf die Hand kletterte und dann den Arm hinauf, um sich auf meiner Schulter niederzulassen. Er schloss innige Freundschaft mit dem Pflegepersonal, das sich ganz wunderbar um ihn kümmerte, und wem von uns der Vogel nun am meisten zugetan war, wurde immer wieder aufs

Neue heiß debattiert. Wenn ich Icarus betrachtete, voll Bewunderung für seine Gelassenheit und seine Fähigkeit, sich in jeder nur denkbaren Lage zu behaupten, wurde mir immer von neuem bewusst, wie sehr er mir dabei geholfen hatte, mich umzugewöhnen: von meiner ereignisreichen Laufbahn im Zoo, die mich um die halbe Welt geführt hatte, an meine neue Tätigkeit als Dozent.

James Herriot – der berühmteste Tierarzt der Welt

Warmherzig und humorvoll, mit nie versiegendem Staunen
vor dem immer wieder neuen Wunder des Lebens erzählt James Herriot
in seinen amüsanten Erinnerungen von der Tierarztpraxis in der wilden und
idyllischen Landschaft der Yorkshire Dales.
«Geschichten voller Heiterkeit, voller Witz und Nachdenklichkeit.»
(NDR)

Der Doktor und das liebe Vieh
Als Tierarzt in den grünen Hügeln von Yorkshire
rororo 14393 und im Großdruck 33133

Der Tierarzt
Die zweite Folge der heiteren Tierarztgeschichten
rororo 14579 und im Großdruck 33149

Der Tierarzt kommt
Die dritte Folge der heiteren Tierarztgeschichten
rororo 14910

Ein jegliches nach seiner Art
Neue Geschichten vom Doktor und dem lieben Vieh
rororo 13733

Von Zweibeinern und Vierbeinern
Neue Geschichten vom Tierarzt
rororo 15460

Auf den Hund gekommen
Storys
rororo 13638 und im Großdruck 33141

Alles für die Katz
Zehn schnurrige Geschichten
rororo 26275 und im Großdruck 33171

DER ZOOLOGISCHE GARTEN, UM 1960
REGENT'S PARK

Primrose Hill

← St. John's Wood

PRINCE ALBERT

CANAL

MIDDLE

REGENT'S

OUTER

NORTH

EULEN & VOGELHAUS

KLEINE SÄUGETIERE
(PUMAS & GEPARDEN)

MEIN WOHNHAUS

SEEHUNDE

GAZELLEN

GIRAFFEN & NILPFERDE

ELEFANTEN-GEHEGE

HAUPTEINGANG

PELIK

REPTILIEN

AF

AQUARIUM

ZOO-KLINIK

ZIEGEN

BÄREN

INNENGEHEGE
REPTILIEN

STÖRCH
STRAUS

MAPPIN
TERRACES

PINGUINE

SEELÖWENBECKE

Regent's Park

N

1 NORDEINGANG

2 HALTESTELLE WASSERBUS

3 PARKPLATZ

4 WESTTUNNEL

5 OSTTUNNEL